职场高效阅读

成为高手的实用阅读秘籍

朱晓华 / 著

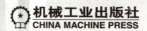

在不进则退的职场，读书是职场人提升自我成本低、效率高的途径。而职场人要么觉得没时间读书，要么看书速度慢，要么读完记不住内容，或者无法将书里的内容用上。如何解决这些问题？职场人只能用业余时间读书，如果照搬市面上流行的专家或学者的读书方法显然不可行。

身为一位繁忙的创业者，本书作者多年来仍始终每年读书180本以上。根据亲身经历和阅读方法的钻研及500多名学员和10万多名听众的反馈，本书作者总结出一套上手难度低、见效快的科学高效读书法，助你用尽量少的精力获取尽量多的收益。

本书不仅有逻辑清晰的阅读成效公式和"预通内外"四步读书法，还有经过验证的快速阅读技巧，以及阅读内容选择、碎片化阅读、精力管理、高效记忆和个人知识管理等策略和实践心得。书中的实操方法除配说明外，还有背后认知科学层面深入浅出的讲解，尤其重视结合新科技工具的使用。

这本干货满满、有理论支撑、有实践心得、有方法、有技巧、有随书练习的阅读指南，适合每一位寻求成长的职场人阅读。

图书在版编目（CIP）数据

职场高效阅读：成为高手的实用阅读秘籍／朱晓华著. —北京：机械工业出版社，2021.11
ISBN 978－7－111－70697－7

Ⅰ.①职… Ⅱ.①朱… Ⅲ.①读书方法 Ⅳ.①G792

中国版本图书馆 CIP 数据核字（2022）第 077001 号

机械工业出版社（北京市百万庄大街22号 邮政编码100037）
策划编辑：刘 洁　　　 责任编辑：刘 洁　侯春鹏
责任校对：黄兴伟　　　 责任印制：李 昂
北京联兴盛业印刷股份有限公司印刷
2023年2月第1版第1次印刷
145mm×210mm・8.75 印张・2 插页・215 千字
标准书号：ISBN 978－7－111－70697－7
定价：69.90 元

电话服务　　　　　　　　网络服务
客服电话：010－88361066　 机 工 官 网：www.cmpbook.com
　　　　　010－88379833　 机 工 官 博：weibo.com/cmp1952
　　　　　010－68326294　 金 书 网：www.golden-book.com
封底无防伪标均为盗版　机工教育服务网：www.cmpedu.com

推荐序

我跟朱晓华曾一起战斗多年。从果壳推出"在行",到知识付费爆款产品"分答",他都展现了强烈的求知欲和试错、创新、探索精神。每次到新的领域,他都能快速学习,不管创业的路多么泥泞和遥远,他都能保持斗志。在保证正常睡眠的同时每年阅读近200本书,常人难以想象。这里一定有什么秘诀吧?

业余时间,他还在"在行"当行家,服务过十万多名听众,做过五百多次一对一咨询,把他的学习经验授人以渔。听闻他把自己如何阅读、学习、精进、保持斗志和精力的经验和心得写成了一本新书。这真是太好了!

成为高手是每个人心底的期待,尤其在如今存量竞争的环境下。如何成为高手?我想他已经给出了答案——职场人保持高效阅读,并始终秉持"学以致用"的理念。本书不光有他高效阅读的方法论,还介绍了不少科学依据和现代化科技工具,秉承了理工学霸一贯的科学严谨风格。更可喜的是,本书内容一点也不枯燥,语言娓娓道来。读完本书,不仅能学到快速阅读技巧,还能发现高效记忆、时间管理、处理人际关系、保持精力等散落在字里行间的"智慧点滴"。如此硬核、接地气的作品,赶紧读起来吧!

姬十三

果壳创始人、CEO

自 序

从 2015 年开始,我在自己创办的互联网平台"在行"(www.zaih.com)上,分享职场人高效阅读的方法,至今我已经和近千位职场人做过或当面或电话的交流。在分享的过程中,我深切地感受到职场人对适合自身特点的阅读方法、学习方法的渴求,这最终触动了我写作本书。

市面上关于阅读方法的书,种类繁多。有的书久负盛名,但成书时间比较早,其中的大量内容已经不再能满足当下读者的阅读需求。有一些书里包含伪科学内容,如很多早已被认知科学证伪的方法却仍出现在近一两年出版的个别书中。有的书由大学生写成,对于学生面对的升学、考试场景比较适用,但对于职场人来说其方法并不适用。有的书由大学教授、专业学者写成,此类书深刻全面,是对学习方法的总结,但更适合专业学者,距离职场人士现实的阅读需求比较远。有的书由"知识网红"写成,这类书不成系统,或缺少坚实的科学依据,或缺少系统技巧和工具,更像是心灵鸡汤,可能读起来舒服,但无法实际应用,对读者的帮助有限。还有的书是由阅读服务机构编写,其内容往往是由多篇独立文章拼凑而成,难免包含较强的品牌宣传性质,对读者的实际帮助有限。

几乎所有此类的图书还存在一个共性问题,就是忽视互联网技术的使用,在高科技时代,不能运用最新的科技助力自己阅读,自然是有所遗憾的。

所以通过写作本书,我力图带给读者如下价值:

① 一系列能帮读者大幅提高阅读速度的实用技巧和训练方法；

② 一系列能帮助职场人提升读后实际收获的方法；

③ 一系列在忙碌的工作、生活之余，能轻松读书的时间和精力管理方法；

④ 一些能帮助职场人明智选书、提升阅读成效的实用技巧；

⑤ 一系列能大幅提高阅读后知识持久存储、提取效率的技术工具。

本书是更适合职场人的阅读法

本书介绍的方法更适合职场人的阅读场景，它针对的不是学生，不是学者，不是专业作家或专业书评人，不是专门做内容输出的自媒体或讲书人（这些人属于"专业读书人"，因为他们的主业就是读书）。而我们这些主业不是读书的职场人，有自己工作的专业领域，阅读只是我们工作生活之余的一个补充。我们和"专业读书人"的需求差别巨大，适用于他们的方法可能并不适用于我们。

首先，职场人阅读的首要目的通常是解决自己工作生活中的问题，如果阅读的内容无法改善我们的工作、生活，往往就会读不进去，读了也会很快忘掉。而"专业读书人"读书就只是为了读书，能够完成考试或者输出一篇文章、论文。阅读目的大相径庭，阅读方法也就有巨大的差别。

其次，职场人每天能花在读书上的时间很少，而"专业读书人"的主要时间都会投入到读书上。比如我是一个创业者，每天除去工作、通勤、做家务、睡眠等时间，能真正用于专心读书的时间通常不超过 30 分钟。而"专业读书人"则和我们相反，他们每天都会把我们用于工作的主要时间用于阅读和做内容输出。此外，除了时间上的投入外，我们还要考虑阅读时的精神状态。"专业读书人"可以把一天当中效率最高、状态最好的时间用来读书，而我们职场人能用来读书的时间往往是下班之后，那时候我们工作了一整天，身体和大脑都处于疲乏状态。综合起来，"专业读书人"每天能投入在读书上的总精力比职场人多 20 倍不止。**这种精力投入数量级上的差距，造成专业读书人的方法，我们职场人往往不是不想用，实在是没有办法用。**

最后，我们职场人能够读的内容总量，与"专业读书人"相比有量级上的巨大差距。量变引起质变，他们能够通过内容之间的互相引用、印证不断地强化信息，而人们通常对一个东西的了解越充分，再读到类似东西的时候往往越不用看就能猜出大概，这会大大提高他们的阅读效率，这一点，对于阅读量有限的我们来说也是很难做到的。

就像我们观看大厨做菜，是为了向大厨学手艺以便自己回家做菜，而美食家则可能只是为了写一篇关于大厨的文章，并不打算自己学做菜。美食家的观察方法固然很专业，但如果我们去用，回家自己真正做菜的时候往往会一筹莫展。

我们职场人真正需要的，是一种以对实际工作生活有帮助为目的的阅读方法，一种高效快速并且不太占据我们有限的休闲时间的阅读方法，一种在有限的学习投入下尽可能多地产生高回报的阅读方法。 这正是本书希望带给大家的。

本书力求实用有效，不求花哨

有些快速阅读方法，用大量篇幅在教各种高阶技法，但是学习这些技法，需要比较长期的练习，而且在练习初期往往没有太大的成效。无论哪种高阶技法，实际上都会造成内容理解的损失。作为职场业余读书者，与其为了加快阅读速度而损失对内容的理解，不如在选书和消化吸收上多下一些功夫。追求这些高阶技法，需要花在训练上的成本过高，但在理解吸收上又要打折扣，华而不实。

普通阅读水平的人，在没有经过训练的情况下，阅读速度是每分钟 350～600 字，熟练掌握本书介绍的快速阅读方法后，预期可以达到每分钟 1000 字以上的阅读速度。这一速度足以应对日常阅读场景，因为一本书通常的篇幅是 15 万～20 万字，3 小时左右即可通读完。如果再能对不太重要的段落章节，使用跳读、略读之类的技巧，整体阅读效率还可大幅提高。

我们的目的并不是去刷新阅读速度的吉尼斯纪录，我们只是想提高自己真实的阅读效率。而且阅读的最终目的是能够使用读到的知识，不能一味求快，必须在速度与理解之间找到平衡。所以本书在快速阅读方法方面，只选取了最实用有效的方法。

本书方法有科学实验的理论支撑

在阅读大量关于读书方法、学习方法的书籍过程中，我发现不少著作主要是作者经验的总结，缺少理论支撑，但个人经验总会有局限性，都会有不准确的地方，对此人有效的方法，对其他人不一定有效，而科学实验是相对准确、可靠、通用的。

有的书，其理论支撑已经被后来的实证研究证伪，而这些书的作者并不了解最新的科学进展，全书的方法基于过时的错误理论，实在令人遗憾。

还有些大行其道的书，里面介绍的方法，明显已经超越了科学实验测量出的人类生理极限，只能归属于伪科学。阅读完本书，相信读者可以具备判断某些人鼓吹的方法是否科学的能力。

本书希望把实用性和坚实的认知心理学、神经生理学实验基础结合起来，提供一套相对科学的方法。所以，我除了介绍方法之外，还对各种方法的实验也进行了介绍，以便读者自行评判本书方法的有效性。

本书紧密结合科技工具的使用

本书除了提供快速阅读方法之外，还包括促进理解和运用该方法的一套方法，涉及从选书开始，到读书、消化吸收、存储记忆、外化使用、主题阅读、知识管理、精力管理等一系列应用。可以说，与高效阅读有关的各个环节都有涉及。这些方法主要是从前辈大师、专家学者处借鉴而来，经过我的研究，融会贯通又有所创新。

我是程序员出身，之前一直在从事互联网产品的开发工作，使用技术和产品的思路去研究事物，是我的职业习惯。所以本书非常重视技术工具的使用。从选书开始，到外化使用，每个环节，我都提供了一系列技术工具用于辅助读者提高效率。

本书重视实践，练习材料与本书主题相关

本书除了讲方法，还包含一些阅读练习。快速阅读方法实际是一种肌肉记忆，和游泳、骑自行车类似，如果只是学理论不经过练习，是没法切实掌握的。

在大多数教阅读方法的书中，都会包含阅读练习，但这些阅读材料（比如一个小笑话、关于某类型小说的风格介绍、某风景区的游览介绍……）往往吸引不了阅读者的注意。这些主题和读者的阅读偏

好、阅读目的是错位的。而对内容本身的兴趣，其实会极大地影响阅读时的注意力，从而影响阅读速度和理解力。

有的书在阅读后的理解力测试中，问一些不重要的细节，虽然阅读材料中提及了信息，但这一信息并不是读者感兴趣的，读者并不需要重视。

阅读目的、阅读兴趣，对阅读效果的影响是决定性的。读者既然打开这本书，就势必对如何提高阅读效率这件事感兴趣，所以本书所有的阅读练习材料，全部围绕阅读这一主题，在材料后面的理解力测试中，更注重考察对材料整体的理解，避免提问不重要的细节。

关于作者

我是一个连续创业者，同时也是一名互联网行业的产品经理，一个和各位读者一样的职场人。我不是一个学者，不是一个自媒体大V，不以写文章、出书、讲课为主业，因此本书的写作全部是在从每天早晨6点起床到8点半上班这个时间段进行的。

我从2013年开始，一直在研究如何提高阅读效率这一问题，阅读了数十部相关的专著。多年以来，一直在自己的阅读中实践、探索各种阅读方法，并且无论工作多忙，一直保持每天阅读20万字以上的习惯。

我写本书，有两个动机：第一，我希望能够把这套自己经过多年的研究和实践总结出的方法，传播给更多的人；第二，我希望通过本书结识更多的朋友，大家一起切磋学习方法。

本书中涉及的全部实操类方法我都计划录制演示视频，并将这些演示视频，以及其他由于篇幅等原因无法在书中完整呈现的内容，都放在我的公众号"学习黑客"（ID：stuhacking）上。我会不定期在公众号中分享一些关于学习方法的知识。

由于精力有限，本书难免存在疏漏和错误之处，还请读者见谅，并期待您的指正，欢迎访问我的公众号并留言。

如果您想和我直接交流，也可以通过我的创业项目——在行，与我联系。用微信扫左下方的二维码可以关注我的公众号，扫右下方的小程序二维码可约我电话联络或者面谈。

关注作者公众号，请扫这里

约作者面谈或电话，请扫这里

朱晓华
2022 年 3 月

目 录

推荐序
自 序

第1章　适合职场人的四步高效阅读法　/001

 1.1　职场人阅读的四大困惑：忙、慢、忘、无用　/004
 1.2　成年人学习的特点　/006
 1.3　核心原则：以我为主，学以致用　/008
 1.4　阅读目的——最关键因素　/010
 1.5　阅读的5步转化漏斗　/014
  1.5.1　阅读成效公式　/014
  1.5.2　与5步转化漏斗对应的本书阅读说明　/015
 1.6　四步读书法：预、通、内、外　/017
 1.7　训练开始之前的热身　/018
  1.7.1　学习的时候大脑里发生了什么　/019
  1.7.2　拥抱成长型思维　/020
 1.8　小结　/021

第2章　预　读　/022

 2.1　了解作者　/023
 2.2　细阅读目录　/024
 2.3　用最快的速度翻阅全书　/025
  技巧：快速翻书的手法　/026
 2.4　细阅读前言　/028
 2.5　整合和提问　/029
 2.6　文章的预读　/030
 2.7　小结　/031

第3章　通读的窍门：视觉快速阅读技巧　/032

 3.1　快速阅读的心理学与神经科学基础　/032

- 3.1.1 阅读速度自测 / 033
- 3.1.2 影响阅读速度的三个基础因素 / 036
- 3.1.3 影响快速阅读的原理1：眼跳 / 037
- 3.1.4 影响快速阅读的原理2：视距——视网膜生理结构的局限 / 040
- 3.1.5 影响快速阅读的原理3：阅读的大脑通路 / 043
- 3.1.6 小结 / 047
- 3.2 视觉速读训练 / 048
  - 3.2.1 卡片法：消除随机回读 / 048
  - 3.2.2 强制提速以减少默读的3个方法 / 051
  - 3.2.3 单行引导法：训练眼跳 / 052
  - 3.2.4 节拍器：训练眼跳的辅助小工具 / 056
  - 3.2.5 关键词阅读法 / 056
  - 3.2.6 意群阅读法 / 060
  - 3.2.7 左右手垂直引导法 / 061
  - 3.2.8 每行三次眼跳节奏训练 / 069
  - 3.2.9 闪词练习：一眼看清一个意群 / 071
  - 3.2.10 快速阅读的"不读"策略：略读、跳读、扫读 / 073
  - 3.2.11 反向扫视引导法 / 078
  - 3.2.12 在电子设备上快速阅读的技巧 / 080
  - 3.2.13 小结 / 085
- 3.3 练习答案 / 086

第4章 听觉速读与通读策略 /087

- 4.1 听觉速读 / 087
  - 4.1.1 要听书吗？听书的价值和缺点 / 087
  - 4.1.2 听书与看书的选择和结合 / 089
  - 4.1.3 关于"听觉学习者"和"视觉学习者" / 090
  - 4.1.4 真人朗读与语音合成 / 091
  - 4.1.5 如何使用App来听书 / 093
  - 4.1.6 如何使用App听文章 / 099

4.1.7 听书的训练 / 102
4.2 通读阶段的技巧 / 103
  4.2.1 对自己有用的才是重点 / 103
  4.2.2 勾画批注的技巧 / 105
  4.2.3 灵活控制阅读速度 / 108
4.3 小结 / 109

第5章 反刍内化 / 111

5.1 重读重点 / 112
5.2 朝专家的方向加工知识 / 113
  5.2.1 发现更有意义的信息模式 / 113
  5.2.2 围绕核心概念组织知识 / 115
  5.2.3 能按情境提取知识 / 116
  5.2.4 顺畅提取知识 / 117
5.3 用不同的方法对待不同类型的知识 / 118
  5.3.1 事实性知识 / 118
  5.3.2 概念性知识 / 119
  5.3.3 程序性知识 / 120
  5.3.4 元认知知识 / 121
5.4 为迁移而学习 / 122
  5.4.1 自我举例 / 123
  5.4.2 抽象思考 / 125
  5.4.3 归纳类比 / 127
  5.4.4 对比辨析 / 129
  5.4.5 使用元认知能力 / 132
  5.4.6 知识积累 / 132
5.5 记忆方法 / 133
  5.5.1 充分的理解 / 133
  5.5.2 记忆提取练习 / 135
  5.5.3 分散学习 / 137

5.5.4　压缩助记法 / 138
　　5.5.5　视觉化法 / 139
　　5.5.6　记忆宫殿 / 140
　　5.5.7　顺序词法 / 140
　　5.5.8　多感官参与法 / 141
　　5.5.9　体育运动和睡眠 / 141
　5.6　内化成效检验 / 142
　5.7　小结 / 142

第6章　外化使用　/ 144

　6.1　应用 / 145
　　6.1.1　立即行动 / 146
　　6.1.2　想象演练 / 147
　　6.1.3　刻意练习 / 148
　6.2　分析整合 / 149
　6.3　评价决策 / 150
　　6.3.1　决策判断 / 150
　　6.3.2　解读现实 / 151
　6.4　创造输出 / 152
　　6.4.1　内容输出 / 153
　　6.4.2　以教促学 / 155
　　6.4.3　笔记导出 / 156
　　6.4.4　反思、纠错、发展 / 156
　6.5　小结 / 157
　6.6　四步读书法总结 / 158

第7章　阅读内容选择　/ 160

　7.1　不同类型的阅读：精读、泛读、闲读、摘读 / 162
　　7.1.1　核心类书 / 163
　　7.1.2　拓展类书 / 165

7.1.3 休闲类书 / 166
  7.1.4 手册类书 / 168
  7.1.5 类型划分并不绝对 / 168
  7.1.6 不同时期的重点应该不一样 / 169
7.2 主题阅读 / 170
  7.2.1 主题阅读的价值 / 170
  7.2.2 如何选择主题 / 172
  7.2.3 如何确定主题阅读的书单 / 174
  7.2.4 阅读中的顺藤摸瓜 / 175
  7.2.5 主题阅读的精力安排 / 176
  7.2.6 主题阅读之后 / 177
7.3 如何选择一本书 / 177
7.4 关于选书的其他问题 / 179
  7.4.1 为什么在互联网时代要读纸质书 / 179
  7.4.2 书的内容难以理解怎么办 / 180
  7.4.3 无法坚持读完一本书怎么办 / 181
  7.4.4 讲书类的内容值得听吗 / 182
7.5 小结 / 183

第 8 章 阅读后的个人知识仓库 / 184

8.1 梳理自己的知识树 / 186
8.2 个人知识仓库的实际运用方式1：文档管理工具 / 191
8.3 个人知识仓库的实际运用方式2：笔记类 App / 193
8.4 个人知识仓库的日常使用流程 / 194
  8.4.1 使用个人知识仓库处理读书笔记 / 194
  8.4.2 对单篇文章的管理 / 196
8.5 将纸质书和 Kindle 放入个人知识仓库 / 199
8.6 如何处理读过的纸质书 / 201
8.7 小结 / 202

第 9 章　碎片化阅读　/ 203

9.1　碎片化阅读带来的问题　/ 204
9.2　碎片化阅读的适用场景　/ 206
9.3　"系统化碎片阅读"策略　/ 209
　　9.3.1　前提：系统化的知识结构　/ 210
　　9.3.2　甄选优质信息源　/ 210
　　9.3.3　碎片知识的处理流程　/ 211
9.4　碎片化阅读的时间管理　/ 213
9.5　小结　/ 214

第 10 章　保持精力充沛，养成阅读习惯　/ 216

10.1　保证良好的睡眠　/ 217
　　10.1.1　良好的睡眠能提高学习效果　/ 219
　　10.1.2　睡眠周期原理　/ 221
　　10.1.3　如何睡好　/ 224
10.2　保持体育运动　/ 225
10.3　正念冥想　/ 227
10.4　避免阅读时走神的技巧　/ 230
10.5　阅读时间的安排　/ 232
10.6　养成阅读习惯　/ 234
10.7　小结　/ 237

第 11 章　实操演练：解析《技术的本质》　/ 238

11.1　选择阅读本书的原因　/ 238
11.2　预读　/ 241
11.3　通读　/ 246
11.4　反刍内化、外化使用　/ 250
11.5　小结　/ 263

参考文献　/ 264

第 1 章　适合职场人的四步高效阅读法

前不久，有位朋友通过"在行"约我聊一聊她遇到的阅读问题，这个女孩从某 985 高校毕业 2 年，目前在一家互联网公司做程序员。她想转型做产品经理，于是给自己制订了一个系统的学习计划，准备尽快读完 10 本互联网产品、设计方面的专著，做好知识准备。

但她很快遇到了问题：时间不够用。互联网行业，工作到晚上十一二点并不少见。未婚的她还需要留出时间谈恋爱，关爱年迈的父母，与闺蜜保持联络……其中哪一项事情的时间都不能压缩。她是一个有行动力的人，每天尽量坚持在入睡前看一会儿书，但这个时段人比较疲惫，看起书来就比较慢。经常是看一本不太厚的书要用 1 个多月，按这个速度，她要完成知识准备不知道什么时候才能做到了。

然而最令她有挫败感的是在坚持阅读半年之后，她发现再拿起自己半年前看的书，已经记不起里面的内容。自己靠挤压必要的休息时间来看书，耗费精力，有损健康，但竟然没有太多收效，这让她焦急不已！

其实她遇到的情况在职场人中很常见。职场人不同于以读书为主业的学者、学生，时间不足是职场人阅读的常态。工作、谈恋爱或关爱伴侣、照顾孩子、陪伴父母、结交朋友、休息、娱乐、健身所需时间都属于我们的"人生必要时间"，一旦压缩，就会给我们的人生造成很大的问题。最后能留给自己安静的学习时间不多，是非常宝贵的。按照时间管理方法中著名的"艾森豪威尔矩阵"来划分，学习属于典型的"重要但不紧急"的事情，但现实中我们往往会被各种杂事消耗注意力，最后一直无法抽时间来学习[⊖]。绝大多数人，一年也看不了几本书，根本原因就在于此。

> 职场人想要读书有成效，必须找到在尽量不占用"人生必要时间"的情况下，快速高效地吸收信息的阅读方法，而这就是本书要讨论的第一个重要主题，也是最重要的一个。

除了时间不够用之外，职场人阅读还有另外一个障碍。2020 年有一位 M 先生在"在行"上约我，他 33～34 岁，从英国留学归国，在一家工作比较清闲的公关公司上班。他超级爱学习，学习了日语和西班牙语。他每天听各种音频课，"××史纲""××经济学"等热门音频课他都没落下。

但是他也感到焦虑，虽然自己一直坚持学习，但是市场变化实在太快，他经常感到有点跟不上。年纪不小的他，向上晋升遇到困难，后面成长迅速的新人也让他感到压力巨大。他害怕自己在一个公司时间太久，会失去适应新环境的能力，也担心离开现有的公司找不到更好的机会。

他迫切希望能够通过读书、学习来提升自己的能力。但学的不少东西，并没有让他感到自己的实际业务能力有很大提高。从听过的课、看过的书中真正能沉淀下来的知识不多，即使有点收获，除了能作为聊天

⊖ 关于阅读时间的安排，将在第 10 章介绍。

的谈资外，对于他的事业也没有什么明显的促进。似乎自己一直在勤奋地做无用功，这让他产生了挫败感。

M 先生是一个非常自律的人，也发自内心地热爱学习，投入的时间也充足。他最大的问题是：不会选择学习的内容。他的学习没有明确的方向，纯粹是兴趣使然，充其量只能算一种修身养性的业余爱好而已。这样的学习，效率极低，其实和打游戏、追连续剧没有本质区别。有人说"开卷有益"，但是否有益首先取决于看的是什么书，看错了书，可能是浪费时间。

> 职场人想要读书有成效，必须先明确阅读目的，依据自己的实际需求选择阅读内容。但这还仅仅是开始，之后的整个阅读过程也应该紧紧围绕自己的阅读目的来进行，这样才能保证高效。职场人应当如何选择合适的阅读内容，以及在阅读的全过程中如何提升阅读成效，是本书讨论的第二个重要主题。

我的朋友 W 是一位新媒体编辑，其工作需要他经常输出各种文章、创意。他读书不少，阅读速度也比较快，但却对我说他经常困惑于一个问题：明明自己看过一个信息或一个知识点，但它具体在哪里、详细内容是什么、前因后果是什么，等到自己要动笔输出的时候，却又想不起来。而此时再去翻书效率很低，往往来不及。总能看到别人在文章中旁征博引，他很羡慕。

有时候他看高手写的文章，发现文章中很多知识点自己早就知道，但高手能发现这些知识点之间的关联，从某一个新视角出发，不仅能把各种原来不相干的知识点串联起来，还能推陈出新，而自己虽然知道这些知识点，却没法像高手那样得心应手，似乎这些知识点在自己大脑中是孤立的，不成系统。

一个人书读多了之后，多少都会遇到这样的问题，特别是互联网时代的职场人，通常会读大量的网络文章、行业报告、业内人士的专业分析报告等。有些深度好文，读的时候感到受益匪浅，但真到用的时候，却又想不起具体的内容、找不到具体的出处。更何况，在复杂的、强调创新的环境下，我们需要做的往往不是复制＋粘贴既有的知识，而是对知识有深刻理解和做灵活运用。

> 如何在接触过的繁多的信息中迅速找到自己需要的内容，让读过的信息充分发挥效果？如何让学过的知识之间能互相关联，以达到举一反三、触类旁通，甚至融合创新的效果？如何建立起自己的知识架构？这是本书讨论的第三个重要主题。

1.1 职场人阅读的四大困惑：忙、慢、忘、无用

在过去五年中，有近千位职场人向我咨询过关于读书方法的问题，通过对这些咨询案例的归纳总结，我发现职场人的阅读普遍存在以下四大困惑：

第一：忙。职场人忙工作、忙生活，往往无法保证阅读时间，也很难养成阅读习惯。能抽出的一些阅读时间也往往是碎片时间，精力投入不足，自然阅读收益有限。

第二：慢。职场人由于阅读速度慢，读一本书所花时间过长，加上投入的阅读时间有限，造成无法长期阅读完成阅读计划，进而打击了阅读信心。

第三：忘。很多人经常会看到本书的后面，忘记前面的内容。等一本书读完之后，通常只能模模糊糊地记住书中粗略的信息，忘记了多数

有用信息。

第四：无用。不少人即使看过书中的知识，短期内也能记住它们，但到了实际生活中，仍然无法使用读到的知识，以至于怀疑自己是在做"无用"的阅读。

如何解决这些问题呢？本书将介绍一套适用于互联网时代职场人的高效阅读方法论，帮助职场人解决这些问题。

我们要讨论"职场人如何提高阅读效率"，先要定义清楚什么是阅读的成效，然后才能讨论如何在有限的时间内提高成效。职场人阅读，是为了获取知识。管理学大师彼得·德鲁克说，"知识是一种能够改变某些人或事物的信息，这既包括了使信息成为行动的基础方式，又包括了通过对信息的运用使某个个体（或机构）有能力进行改变或进行更为有效的行为方式。"[一] 简而言之：知识是一种"能够增强个人（或机构）有效行动能力的信息"。

由此来看，职场人阅读的首要目的就是增强行动能力，即：

职场人的阅读成效 = 可提高行动能力的信息增量

这里强调的"行动"，就是指我们用所学到的知识来改变外部世界。我们可以用这些知识来改进自己的行为，提升自己的决策水平，从而解决我们面对的问题，甚至影响其他人的行为、改变外部环境。从这个角度来说，我们读了多少书并不重要，重要的是阅读之后，有多少知识能够为我们所用，真正被运用到我们的工作、生活当中。

[一] 原文："Knowledge is information that changes something or somebody-either by becoming grounds for actions, or by making an individual (or an institution) capable of different or more effective action." 参见 *The New Realities*（《管理新现实》），1989。

在自序中我讨论过职场人阅读与"专业读书人"阅读的区别。职场人阅读的目的通常不是探索知识本身，而是为了把书本中的知识运用到解决自己面对的真实问题上。所以，**对于职场人来说，知识还不是力量，能实际使用的知识才是力量。**

1.2 成年人学习的特点

要讨论职场人的读书方法，我们先要讨论职场人在学习时的特征。美国著名教育家马尔科姆·诺尔斯（Malcolm S. Knowles）有"成人教育之父"的美誉。他将成年人的学习界定为一种"自我指导的学习"（self-directed learning），提出了成年人学习的五大基本特征，如下：

1. 自我导向

成年人具有独立的自我概念。一个人的自我概念会从儿童期的依赖型人格转为成年期的自我导向型人格。儿童的学习、生活是被家长和老师引导的，而成年人则是独立的。成年人讨厌那些强加在自己身上的意愿。自我导向，意味着成年人能够诊断自身的学习需求，规划、实施和评估自身的学习经验。

所以，有效的成年人学习应该更多强调主动参与，而非被动接受；应该是以强调互动和参与的研讨会（workshop）形式学习，而非以强调老师讲授、学生接受的培训（training）形式学习；应该强调一种学习氛围，使成年人得到认可、尊重和支持，进而形成一种师生间相互交流、共同探索的精神。

2. 关联经验

成年人和青少年的另一项根本差异是"经验"。青少年自身的经验不多,而且其经验也往往与其所学内容没有密切联系,因此在学习时,父母、教师、教材的作用更大。

成年人具有丰富的而且不断增加的经验。在成年人学习时,最丰富的材料正是自身的经验。成年人应当重视个人已有经验的作用,充分利用它们,并且多采用那些可以利用自己经验的方法来学习,比如通过小组讨论、模拟练习、问题教学、案例教学、实践等方法。

3. 倾向于实用的学习准备状态

学习准备状态,是指促进学习者从一个学习阶段进入下一个学习阶段的发展任务,如果做好了准备就可以进入下一个阶段。对于青少年来讲,学习准备主要取决于其心智的发育水平。青少年到了一定的年龄,自然可以开始学习某些知识。比如小孩子都有所谓的"识字敏感期",在这个敏感期之前,教孩子识字非常困难,而一旦到了这个阶段,小孩子自然就开始对识字感兴趣。

而成年人则不同,成年人的学习准备度是社会角色发展的结果,更倾向于实用。学习内容如果与成年人的社会角色、工作岗位、面对的问题关联强,成年人的学习准备度就会高。所以,选择学习内容,首要考虑是"是否用得上",判断学习效果的衡量标准也是"是否用上了"。

我们看到《论语》当中,孔子的教学很少有孔子主动发起一个话题的情况。绝大多数情况是某一个学生来向孔子提出问题,比如"颜回问仁""子路问学",这说明这个学生当时已经完成"学习准备",孔子此时才会向他讲述自己的道理。在《论语·述而》中孔子明确提出:"不愤不启,不悱不发。举一隅不以三隅反,则不复也。"也就是说,不到学生努力想弄明白,但仍然想不透的程度时,先不要去开导他；不到学生心里明白，却又不能完善表达出来的程度时，也不要去启发他。如果他不能举一反三，就先不要往下进行。孔子的学生大多是成年人，他的教学方式也反映出成年人学习的特点。

4. 学习的目的聚焦于解决实际问题

青少年学习，会常常有学习书本上知识的倾向，其学习是以学科为中心的，因为青少年没有直接的应用知识的目的，只是在为将来可能的工作准备知识。而成年人学习，则有把所学知识运用到实际生活中的愿望，学习的目的往往是解决实际问题，因此能够解决其实际问题的知识，才能引起成年人的学习兴趣，也因此成年人学习，往往不会追求理论的深入、细节的论证，而是能足以解决问题即可。当然这种不求甚解有时可能会带来更多的问题，所以在解决完急迫的问题之后，对知识进行深入的研究也是有必要的。

5. 内在驱动

青少年学习，主要动机是老师、家长和考试等外部压力，而成年人更多是受到内在因素的驱动，比如希望解决问题、提高能力和实现自我价值等。

1.3 核心原则：以我为主，学以致用

诺尔斯的成人学习理论，对我们职场人的学习，有非常深刻的启发。由成人学习理论可知：

> 在职场人的学习中，"以我为主，学以致用"是核心原则。职场人的学习，应该围绕自己的实际需求，着重联系自己既有的经验，以学习之后的运用为目标，这样才能更有成效地学习。

这是本书的核心原则，读者读完本书之后，忘记了书中其他内容都不要紧，只要能记住"以我为主，学以致用"这 8 个字就足够了。有了这个核心原则，其他一切方法、技巧，读者都可以从这 8 个字推导出来。

具体怎么符合这个原则呢？那就是不要再用上学时的方法读书。很多人工作之后读书，还是拿当学生的方法来读书，这其实是阅读目的和阅读方法的错配。学生读书，大多是为了考试，所以强调背诵，要记住各种细节，强调具体步骤的记忆。而成年人读书呢？如果不是为了考某些证书的话，我们阅读的时候就没必要特别强调记忆细节，很多东西等真正用到的时候能被迅速搜索出即可。

> 职场人读书，主要目的是在工作生活中使用，这就要求阅读者必须更多地把书上的知识和自己的实际生活、工作相结合。学习的时候应该轻记忆，重理解，重点在举一反三，把知识迁移到自己的实际场景中。不要拘泥于书本上的文字是怎么写的，应该重点关注自己该如何使用新学的知识。

读到这里，也许有的读者会觉得，自己不喜欢带着很强的目的性去读书，读书对自己是一种精神生活，是为了培养兴趣与陶冶情操，是一种消遣、休闲。我认为，基于兴趣的阅读很有必要，但我们应该把此类不以致用为目的的阅读，与以学习为目的的阅读区分开，使用不同的方法、态度，投入不同程度的精力。另外本书中介绍的关于快速阅读的技巧、个人知识管理等方法，也完全适用于[一]这种兴趣阅读。

[一] 兴趣、陶冶情操、休闲、审美，从广义上来说，也是一种"用"，此处的"用"如果理解为"人的目的"，"学以致用"的含义就可以扩大为：阅读方法应该以实现阅读目的为核心，此时"学以致用"就不再与兴趣阅读相矛盾了。兴趣阅读或多或少也有致用的性质，只是其功效稍弱而已。

关于兴趣阅读的具体方法将在第 7 章 "阅读内容选择" 中讨论。

1.4 阅读目的——最关键因素

1. 明确的阅读目的决定阅读成效

决定阅读成效的因素有很多，其中影响力最大、最重要的因素，既不是阅读的速度，又不是阅读后的内化吸收技巧，更不是投入的时间多少。最重要的事情是：**明确的阅读目的。**

职场人的阅读想要有高收益，首先应当把阅读目的设定为对自己的工作、生活有用，能够解决自己遇到的现实问题。比如，一个女生面对的现实问题是怎么穿衣显得瘦，怎么化妆显得精致，此时去阅读美学原理方面的著作，效率就太低了。很多知识，听起来高大上，但实际上解决不了现实问题，或者和自己的切身生活相距甚远。这种知识只能被当作谈资，泛读、闲读它们即可，万万不可把它们作为阅读的主体，把主要精力耗费在它们上。

前面 M 先生的故事中，首先，他的问题就是阅读目的不明确。职场人往往生活、工作压力都很大，各种分心的事情层出不穷。如果我们没有很强烈的动机，根本无法坚持做完一件事。所以当我们只是一时兴起去学一个东西的时候，自己的潜意识会告诉自己，这个东西即使学了价值也不大，学习时可以偷懒，况且我们难免遇到其他情况，一旦忙起来，中途放弃也是顺理成章的事情。

其次，即使我们克服了各种困难，完成了学习，由于缺乏使用场景，我们对所学内容的理解也只能停留在表面，纸上谈兵而已，学习效果大打折扣。

最后，就算我们克服重重困难，完成了学习，而且现在学得很好，但只要一段时间不用这些知识，我们自然会遗忘它们。几年之后偶尔再有机会使用的时候，我们会发现这些知识已经派不上用场。

我们可以看到身边有很多人在做这样的学习：有人听了某个大V的推荐，或者看了一篇公众号文章，觉得某本书或某个课有意思，也不管它们对自己是否有用，就先把书或课买了。特别是近五年，当"知识付费"成为一门生意后，这种情况变得普遍。

我之前的"在行"公司从2016年年初开始做"知识付费"业务，是这一领域的开创者之一。我们发现，在知识付费领域，绝大多数用户购买课程后的完课率低于30%，大多数课程的完课率低于10%。也就是说，大多数人花了钱，根本不去上课，这是怎么回事？曾经我们会在朋友圈里看到很多人在打卡读英语，但如今几乎没有人再这样做（可能部分学生还在坚持打卡为了能取回买课的钱），这又是为什么？

因为无效学习是难以持续的。人们被一次营销推广活动吸引，脑子一热购买课程是常事，但如果所学内容与自己的工作、生活没有密切关系，人们很快就会发现，学习课程要付出的精力成本比自己真实的收益高很多，然后也就失去动力了。

2. 明确的学习目的有助于我们成为高手

心理学家安德森和皮查特（Anderson & Pichert, 1978）曾经做过一个实验，他们准备了一篇文章，文章描写了某座房屋及其内物品，要求两组人分别从购买者和小偷的视角阅读这篇文章。两组人的阅读时间相同，读完之后测试他们关于文章的记忆。结果心理学家发现，两组人记住的信息大不相同。这就说明，我们的阅读目的在很大程度上决定我们能从阅读材料中吸收到什么信息。

带着目的去读书与无目的读书，区别就像去商店买东西，是拿着购物清单去购物，还是随便逛逛。从效率的角度讲，肯定是前者效率更高。也许读者觉得逛一下街也挺好，不用考虑效率，那其实是因为，逛街购物本身并不是唯一的目的，"逛"本身就是目的。

对于大多数人来说，我们的学习目的大多还是创造更多个人价值和竞争优势。在任何一个领域都存在竞争，人生要能够有所成就，就必须至少成为某一个领域的高手、专家。在任何一个职业领域，入门级职位与高级职位之间的薪酬差距都是巨大的，因为入门级职位可以随便找人替换，而真正的高手总是稀缺的，难以替代的。那么如何成为高手呢？《庄子》记载："吾生也有涯，而知也无涯。以有涯随无涯，殆已！"用我们有限的时间、精力去追求近乎无限的知识，那只可能是在每个领域都停留在"新手"阶段。所以，要成为高手，第一要务就是明确自己的学习目的，然后聚焦在自己的目的上，展开阅读。学习本身不是目的，我们的学习目的是掌握这些知识，让它们帮自己工作、生活得更好。具体来说，职场人的学习目的，是提高我们个人的竞争力，使我们能够脱颖而出，取得更大的成就。

> 明确了学习目的，然后在这个目的下持续不断地努力，才是成为高手的一条最重要的经验。真正会读书的人，先要了解，我应该要读哪些书，我为什么要读这本书，我期待从读这本书中学习到什么。明确了这些问题，读书的时候才会更有效率。

3. "知识的游牧民族"因人而异

有人说,现在学习应该要做"知识的游牧民族",说"现在这个时代,逼得我们必须成为知识的游牧民族,哪里水草丰美就应该向哪里迁移。随着自己的兴趣和需求,在知识的原野上,用旺盛的好奇心,四处奔跑。"还有人说,"可以用20%的时间掌握一个新领域80%的知识……我们这个时代杰出的人物,都是迅速了解一个新领域,然后迅速行动的。"

首先,在这个日新月异的时代,确实我们必须不断地学习新东西,研究新问题。但追热点、风口的前提是我们已经有了牢固的根基,特别是对于处于职业生涯早期的读者来说,如果基础不牢就去追逐流行,是危险的。等我们先把自己专业领域的知识技能掌握牢固之后,再去拓展新的知识天地也不迟。就如同创业,如果基础业务还没有做好,就分心去做"第二曲线",那实在是本末倒置。关于在不同阶段,对学习方向选择的问题,我将在第5章中详细讨论。

其次,不用以对商业领袖、投资人的知识要求来衡量自己。投资人对一个领域只要了解80%,就可以做出投资决策。作为普通职场人,我们只能在市场上与其他人竞争,只能靠自己的实干来获取优势,此时如果我们用80%的知识与别人100%的知识来竞争,那么只会输得很惨。

最后,游牧实际也是有方向的游牧不是随机游走,不是梦游,同样存在战略方向选择的问题。选择目标之后,仍然需要围绕目标深入学习。

1.5 阅读的 5 步转化漏斗

1.5.1 阅读成效公式

根据"以我为主，学以致用"这个核心原则，如果把阅读看作一台机器，这台机器的输入是我们投入的时间精力，其输出是"可提高行动能力的信息"。我们要找到一种提高这台机器效率的方法，也就是在一定的输入条件下，使最终的输出尽量地高。我把信息从纸面到行动的过程分为 4 个阶段，依次是：内容选择、信息输入、内化吸收、外化行动。这样阅读成效公式就是：

$$阅读成效 = 精力投入 \times 内容适合程度 \times 信息输入速度 \times 内化吸收率 \times 外化行动转化率$$

如果考虑长期阅读成效，我们还需要将有效信息的长期存储、检索、提取效率纳入考量，即：

$$长期阅读成效 = \sum (某次阅读成效 \times 该次信息存储提取效率)$$

公式中的每一项，都以前一项为基础，只有保证了所有步骤的效率，整体的阅读效率才能提升。这个过程类似于一个产品从获客到营收的过程。我们投入的精力就如同公司投入的广告费；我们选择合适的内容就如同公司选择获客渠道和广告的投放渠道；我们的信息输入速度就如同渠道的获客效率（如 CPM 千人浏览成本之类）；我们的内化吸收率类似于用户从获客渠道来到产品之后的激活、注册转化率；我们的外化行动转化率类似于付费转化率，即最终有多少注册用户被转化为付费用户；我们能够使用的新知识类似于最终用户价值。这是一个连续的转化漏斗,前两个步骤决定了输入信息的质量和数量,后3个步骤决定了我们能够吸收多少知识,再转化出多少知识。

1.5.2 与5步转化漏斗对应的本书阅读说明

如果读者仔细看过本书的目录,应该可以发现,本书内容正是按照阅读成效公式展开的,公式中每个步骤对应本书的一到两章内容(见图1-1)。但为了便于读者理解,必须把基础内容放在前面,把依托于基础内容才能理解的内容放在后面,所以本书的行文顺序并非按照公式中各项因子出现的顺序安排。

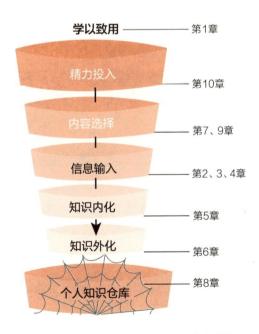

图1-1 阅读的5步转化漏斗和本书结构

本书全部内容均围绕"提高职场人的阅读成效"这一目标展开。第 1 章属于总论。第 2~6 章讨论的是如何深度阅读一本书。其中，第 2 章介绍预读；第 3、4 章介绍通读，因为这一部分篇幅比较长，所以拆分为两章介绍；第 5 章知识的"反刍"内化；第 6 章介绍外化使用知识。其中第 3 章会着重介绍快速阅读的方法、技巧和工具，这是全书技术性最强的部分，读者在阅读本书之后，需要经常练习才能掌握这一章介绍的技巧。掌握这些技巧后，多数人都可以达到每分钟不少于 1000 字的阅读速度，基本解决阅读速度"慢"的问题。

第 7 章是关于阅读内容的选择，介绍怎样依据自己的学习目的选择学习内容，如何评估一本书的质量，以及如何确定一本书是否适合自己。本章还会论及不同类型阅读的区别，以及如何做主题阅读等。通过这一章的学习，基本解决"无用"的问题。

第 8 章是关于个人知识管理的内容。在读书后，我们希望自己学到的知识是可永久存储的，可随时检索、提取的。本章将介绍一些知识管理工具的使用方法和综合运用策略，这样基本解决阅读后"忘"的问题。

第 9 章的主题是如何做碎片化阅读。因为在互联网时代，我们每天难以避免将大量时间花在阅读网络文章上。本章将讨论碎片化阅读的策略、方法及一些可以提高效率的工具。本章内容是第 7 章的延伸，但碎片化阅读必须以第 8 章介绍的个人知识管理方法为基础，为了便于读者理解放在第 9 章介绍。

第 10 章是关于对我们职场人极为重要的阅读的精力管理问题，这一章会介绍如何提高阅读时的专注力及避免走神，还会讲到提高理解、记忆效果的时间管理和精力管理的策略，包括对自己身心情况的管理，以及如何在繁忙的工作、生活中找到学习时间。最后还会讨论养成阅读习惯的方法。通过这一章的学习，基本解决"忙"的问题。

第 11 章是一个综合演练，我将通过解读《技术的本质》一书来演示本书介绍的读书法。

如果您只想针对自己阅读时的困惑或痛点，做选择性阅读，可参考表 1-1 选择个别章重点阅读。

表 1-1 针对性阅读本书的建议

阅读问题	适读章节	获得的收益
忙	第 10 章	提高阅读时的专注力，提高理解、记忆效果的时间管理和精力管理的策略，养成阅读习惯的方法
慢	第 2 章、第 3 章、第 4 章	快速了解一本书的内容框架，快速阅读的方法和工具，快速阅读技巧的练习方法
无用	第 5 章、第 6 章、第 7 章、第 9 章	学以致用的读书法，依据学习目的选择学习内容，不同类型阅读的区别，碎片化阅读的策略、方法，提高阅读效率的工具
忘	第 8 章	可永久存储的，可随时检索、提取知识的方法，知识管理工具的使用方法和综合运用策略

1.6　四步读书法：预、通、内、外

多数人默认的读书方法是拿到一本书，从正文第一页开始一页一页地看，直到看到正文最后一页，然后结束。而高效的方法并不如此。对于一本书，可以按四步来阅读，每个步骤都会通览全书，我将这个方法称为"四步读书法"。

- 第一步,预读:通过看目录、前言等了解全书概要和书的结构信息。
- 第二步,通读:使用多种快速阅读技巧通读全文,找出对自己有用的重点,做好勾画批注。
- 第三步,反刍内化:重读在上一步通读环节所做的勾画批注,再思考,做拓展联想,为把新知识迁移到自己的使用场景做准备。
- 第四步,外化使用:选出书中最有价值的知识点,将其输出或应用到自己的生活、工作的实际场景中,或者在实际场景中做演练。

为什么要用这四步来阅读一本书呢?主要还是为了提高学习效率。做预读,就像为后面的通读先画好一张地图,在通读的时候按图索骥,效率就可以提高。通读时要提高效率就必须采用快速阅读技巧,这要求保持一定的阅读节奏,不能总停下来做深度思考,但真正有价值的东西必须经过自己的反复思考才能消化吸收,所以我把"通读"与"反刍内化"两个环节分开。快速完成通读后,有助于形成前后连贯的记忆,而"反刍内化"则既能起到复习促进记忆的作用,又能起到加深理解的作用。最后,所学的知识要想为己所用,必须经过输出、演练等过程,只有这样才能把理论知识变成可以用来判断、决策、行动的知识。四步读书法是本书将详细讨论的核心方法。

1.7 训练开始之前的热身

在接下来的阅读方法训练部分,本书会帮助读者逐渐提高自己的阅读速度。经过训练,读者的阅读速度会有至少翻倍的提升,特别是通过学习本书第3章介绍的一系列快速阅读技巧及做练习。读者在做这些练习时,可能会遇到困难,届时请不要气馁。阅读效率的提高,不是朝夕之功,只要读者坚持训练,就会有所收获。在做完本书包含的练习之外，还请读者自行寻找适合的阅读材料来练习，练习时间需至少持续一个月。在正式开始训练之前，我想先用科学知识鼓励一下读者。我不喜欢"煲鸡汤"，哪怕是做精神动员，我也希望用科学说话。

1.7.1 学习的时候大脑里发生了什么

大脑可以学习的生物学基础，在于我们的大脑中神经连接的变化。身体与大脑的一个主要差别是：我们的身体可以不断长出新细胞，但成年人的大脑，一般不会分裂出新的脑细胞。当然，也有少数例外。比如在成年人的海马体中，科学家观察到新产生的神经元。但在成年人绝大多数的脑区中，目前并没有观察到有新的神经元生长的证据。

> 成年人是如何学会新技能的呢？是靠改变神经细胞之间的连接。我们的脑细胞之间有各种连接，我们学习新东西的时候，大脑就在做"重新布线"的工作。我们忘记一些事情，实质是某些神经细胞之间的连接变弱甚至消失，我们学会新的事情，实际是某些神经细胞之间的连接变强。

我们的神经细胞轴突外包围着一层叫作"髓鞘"的膜，髓鞘可以起到电气绝缘的效果，也就是避免神经信号之间的互相干扰，还可以加快神经信号传递的速度，最快可以提高 10 倍之多。我们练习某一个技能的次数越多，负责这个技能的神经细胞组成的神经网络就被激活得越多，在这些神经元轴突外的髓鞘就会越厚，它们之间的信号传递就会越快。我们的大脑是靠形成新的网络结构来学会各种知识的，这些结构内的信息传递速度越快，我们处理相同任务的速度也就越快，这就是熟能生巧的神经科学机理。

了解了大脑学习的机制,读者就可以理解练习的意义。本书中包含的多数练习、方法,仅仅通过阅读是不能掌握的,必须经过持续一段时间的演练,以及后续不断的实践,才能做到运用自如。

1.7.2 拥抱成长型思维

在我们做练习的时候,往往会遇到不顺利的事情,学习本来就是去挑战自己之前做不到的事情。一直重复自己能做到的事情,并没有学习效果。关于练习的心态,卡罗尔·德韦克(Carol Dweck,2006)在研究中发现一种极为重要的区分方法,那就是固定型思维(fixed mindset)和成长型思维(growth mindset)。

> 具有固定型思维的人认为智商或天赋是与生俱来的,后天无法习得。在这样的归因方式下,人们觉得自己的智商已达上限,自然就会消极怠学。然而具有成长型思维的人则会认为,学校课业所涉及的智商和能力完全可以通过后天努力来提高。

我们对比一下两者在行为上的一些不同:

成长型思维的学习者	固定型思维的学习者
专注于学习	专注于表现
面对挑战坚持不懈	轻言放弃
把失败当作学习的机会	避免失败,因为这会暴露能力不足
选择更有挑战性的任务	选择更简单的任务

研究人员让一群五年级的小学生完成一套简单的益智题,然后对他们给予表扬[穆勒(Mueller)和德韦克(Dweck),1998]。其中一半学生得到的表扬是针对他们的智力的,"这些题都能做出来,你一

定非常聪明。"另一半学生得到的表扬则是针对他们的努力的，"答出这些题肯定花了不少工夫，你真厉害。"接下来，学生们需要选择挑战一道难题或简单题，这时努力受到表扬的组之中有92%的学生选择了难题，而智力受到表扬的组中只有33%的学生做出了同样的选择。这就是成长型思维和固定型思维的区别。我们要想在学习上成功，拥抱成长型思维是必不可少的。只要我们科学地练习，大脑就会重新"布线"。

本书的行文方式，不是鸡汤式，也不是洗脑式，而是用科学证据说话。本书介绍的方法，都是经过多年研究切实可行的方法，不是什么普通成年人掌握不了的高难度技术，所以请想要学习的读者，务必坚持练习，相信一定会有成效。

1.8 小结

本章是全书的总论。在本章中我们先提出了职场人阅读面对的四大问题：忙、慢、忘、无用，讨论了诺尔斯提出的成年人学习的五大基本特征，然后依此提出本书的核心观点：职场人想要提高阅读效率，核心原则是"以我为主，学以致用"。之后我们着重讨论了提升阅读效率的最关键因素：阅读目的。接下来讨论了阅读成效公式和阅读的5步转化漏斗，5步转化漏斗也对应了本书的行文逻辑。然后对本书核心方法论——四步读书法（预、通、内、外），做概括介绍。最后，我们分享了学习可以改变大脑结构的科学知识，以及成长型思维的概念。

为了在职场竞争中立于不败之地，你可以靠学习强化自己的大脑，使自己最终成为高手。你做好准备了吗？开始你的阅读精进之旅吧！

第 2 章 预　读

> **学前小测试**
>
> 请在阅读本章之前，尝试回答下列问题，没错，是在阅读之前不是之后。答不出来也没有关系，但请务必仔细思考。
>
> 1) 翻开一本书的封面之后，你第一个重点阅读的地方会是哪里？是第1章、前言、目录，还是推荐序？
> 2) 在作者简介中，通常包含哪些有助于后续阅读的信息？
> 3) 在目录中，通常包含哪些有助于后续阅读的信息？
> 4) 对于一本书的前言，你会仔细阅读还是简单粗略读一下？
> 5) 为什么在阅读本章之前，先要做这个"学前小测试"？

从本章开始，我们将用5个章节来介绍阅读的流程，本章先详细介绍如何做好第一个环节——预读。所谓预读，是指在仔细阅读全书前，先通过阅读书中的概括性、前导内容，快速对一本书从整体上做初步了解。

拿到一本书，翻开其封面之后，你第一个重点阅读的地方会是哪里？有的人会从目录开始看，有的人会从前言开始看，有的人会翻到正文第一页开始读。难道还有其他方法吗？我会先从封面上的作者简介开始看，再仔细读目录，然后用最快速度翻阅全书，重点阅读前言，最后整合信息并提问。为什么这样做？

2.1 了解作者

> 了解作者的背景信息对我们理解内容有很大的帮助。
>
> 首先，我们可以从作者的背景大致猜测出其观点的切入角度，以及此书内容所属的领域。其次，如果此书内容是我们比较熟悉的领域，我们往往可以从作者的背景、所属的流派，大致推测出其立场和倾向，而这些很大程度上决定了全书的基调。如果封面上的作者简介还不足以让我们做出判断，我们还可以搜索作者的名字。如果作者是重要的学者或知名作家，一般网上会有其详细资料。作为对一本书的初始理解，这样做就足够了。

举个例子，本书的最后一章，是用本书介绍的阅读方法一起读《技术的本质》这本书，我们先来看这本书的作者简介：

布莱恩·阿瑟（Brian Arthur）
- 复杂性科学的重要奠基人。拥有加州大学伯克利分校经济学硕士学位和运筹学博士学位，37 岁成为斯坦福大学最年轻的经济学教授。
- 圣塔菲研究所元老级人物。投身于复杂性科学领域研究，在圣塔菲研究所科学委员会任职时间长达 18 年，在理事会任职 10 年。
- 研究经济正反馈机制的先驱，以"收益递增规律"为基础形成了自己的新经济思想。
- 荣获复杂性科学领域的首届拉格朗日奖。
- 1990 年荣获熊彼特奖。

从这段作者简介，我们可以了解到很丰富的信息：作者是一门学科的重要奠基人，那么这本书很可能就和这门叫作"复杂性科学"的学科有关系。作者主要的学术领域应该是经济学，而这本书讲的是"技术"，那么作者大概率是从经济学的角度讲技术。如果读者对复杂性科学有所了解，当看到圣塔菲研究所后，肯定感觉如雷贯耳，作者在这个研究所的地位足以说明其学术水平。如果读者不了解复杂性科学，从后面介绍的作者获奖经历，也足以感知到他是一位重要的学术大师。

如果我们对这个领域的兴趣一般，那么从作者简介对书了解到这个程度也就够了。但实际上，如果一本书对我们意义非凡，那么从选书开始，贯穿整个阅读过程，甚至在读完一本书之后，我们都有必要关注作者本人，因为从作者本人那里得到的收获，往往比从读一本书中得到的收获大。关于这个问题，我将在7.2节做详细论述。

2.2　细阅读目录

很多人会直接跳过目录，从正文开始看书，其实这等同于我们去一个陌生的城市游玩，在出发前收到了一张导游图，但我们转手将其丢弃，直接来了一场说走就走的旅行……

> 目录是对全书内容的概括。书的主要内容和内容之间的逻辑结构全部会呈现在目录中。通过目录，你还可以大概判断出这本书是否值得一读。现在不少书是标题夸张以引人注意，内容和书名经常文不对题，但目录不会令人混淆，所以在购书前，必读目录。在开始读书前，也有必要研读目录，如果发现内容与自己的需求不符，可以提前有心理准备，避免浪费时间。

写过书的人知道，一本书的前后行文逻辑是非常重要的。作者会在内容的顺序编排上煞费苦心。比如写本书，我从开始动笔之前的规划，到写完稿经过了多轮修改，在章节的前后编排上都花了不少工夫。有些内容是先写成的最后却移到了后面，也有些内容本来是安排在后面的，后来又移到了前面。在内容的安排上，为了让读者有更好的学习效果，既要让相关的内容互相靠近，又需要考虑由易入难的学习顺序。可见，目录可以体现一本书的写作逻辑，以及作者希望读者阅读内容的顺序。

另外，阅读目录时，不必使用快速阅读技巧，用正常速度读即可。因为目录的内容是高度压缩之后的信息，目录上的标题没有足够的上下文，如果不对每个标题投入充足的认知资源，你会很难理解其内容。

2.3 用最快的速度翻阅全书

在此环节，用最快的速度翻阅全书，不用关注普通正文文字，而是重点看标题、字体加粗的文字、重点符号、配图、表格等内容，细节文字看到多少都无所谓。这个环节的意义仍旧是预习。

> 标题和目录的作用是一样的，代表了书的框架结构。加粗文字、重点符号是作者认为书中最重要、最核心的部分。图示往往是对核心观点提炼出的精华文字的阐释，而且图示往往会给人留下深刻的直观印象。表格往往是重要的支持性论据或者重要事实的结构性整理。

翻阅的时候，我们往往会不理解书中内容，如看到配图不明白其含义，以及看到黑体字不知道作者为什么得出这样的结论。这不要紧，此环节能提出问题就非常好，这说明书里的内容已经引起你的兴趣，唤醒了你的注意力，已经起到了预读的效果。我们会在通读的时候解决此环节提出的问题。

心理学研究表明，在开始学习之前，如果先做一次关于学习内容的测试，哪怕一个问题都没答对，也能让大脑做好准备，在后来的学习过程中有针对性地吸收信息。无论是对简单琐事的记忆，还是对复杂材料更深层次的理解，都是如此学习。

在一项研究中，参与者在阅读一篇奥利弗·萨克斯（Oliver Sacks）关于视觉神经科学的论文前，先接受了有关视觉神经科学的测试。结果，他们的学习效率比那些阅读时间更长的学生要高10%~15%。

在另外一系列实验中，心理学家发现，在某些情况下，我们努力去回忆一件事，虽然根本想不起来其任何内容，信息提取失败，但这种尝试会改变我们下一步对信息的思考和存储方向。在有些题型的考试中，尤其是单项选择题的考试，如果在答错之后我们很快能得到正确答案，那么之前错误的选择反倒能促使我们学到更多的知识。

读到这里，读者应该明白了在本章开头做学前小测试的意义了。本书的第2~10章，都会保留这一方式，因为虽然与我们先做预读不同，但道理是相通的，即通过预读和学前小测试，我们的大脑被"埋"下全书的线索，这些线索未来会在我们阅读时引起我们的关注。

技巧：快速翻书的手法

当你的阅读速度提高后就会发现，翻书是一件很耽误时间的事情，会降低你的阅读节奏。特别是在做预读的时候，需要频繁翻书。有没有能提高翻书效率的方法？

通常来说新书装订得比较紧，翻起来不太顺畅，在开始阅读一本书之前，给这本书"松松骨"会有助于提高翻书速度。具体做法如下（见图2-1）。

先把书从中间打开，书页朝上将书平放在桌面上，再用手按压靠近书页中间的位置，让书页根部尽量松弛（见图2-1a）。从前往后及从后往前翻到几个不同的位置，继续按压书页根部，直到全书都比较松弛（见图2-1b）。最后，来回拨弄所有书页几次，让页面变软（见图2-1c）。

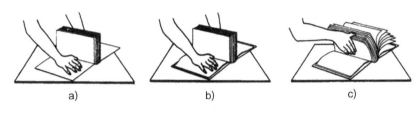

图2-1 松书方法

准备工作做完，可以开始快速翻书了。快速翻书的手法如下（见图2-2）：

1）将书放在桌面上，左手放在书的顶部，左臂环抱着书，左手食指伸进右侧下一页下面（见图2-2a）。

2）右手做引导视线，可以用各种引导手法，如"之"字形引导或者垂直引导（见图2-2b）。

3）要翻页的时候，先用左手迅速翻页（见图2-2c），再将右手放到左侧页面开始继续引导视线（见图2-2d），然后将左手迅速放到步骤1的位置准备下次翻页。

如果您是左撇子，可以用相反的动作来做，即用右手翻页，用左手引导视线。此翻书手法，不只是在预读的时候有用，在通读的时候也有用。

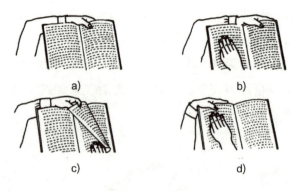

图2-2 翻书手法

在阅读电子书时,有的阅读App会提供一键查看全书所有配图的功能,如Kindle App和静读天下App。由于表格在电子书中通常是以插图的形式呈现,所以通过此功能也可以查看所有表格。如果想迅速翻阅整本电子书,可以尽量调小显示字体,但要保证能看清字,能识别出特殊字体,这样一页能够看到的内容更多,以减少翻页次数,加速翻阅过程。

2.4 细阅读前言

序或前言,很多人会直接跳过,但欲速则不达,这部分内容反而值得重点阅读。

> 首先,前言通常用简短的篇幅对本书中最重要的内容作概述,有的前言还会简介书的逻辑结构、各章节之间的关系及章节作用等,类似于一个内容更丰富的目录。其次,如果前言由作者自己所写,通常会包含作者写作的动机、目的、成书的过程。这对于读者理解书中的内容同样会有帮助。

一些重要的著作，作者本人往往不会介绍其学术地位如何高，而会借助其他作序者来介绍。通过专家的评语，我们可以了解此书在其所处的领域处于什么样的地位，作者和同领域的其他专家相比有哪些特点。这些都是比书中内容更宏观的信息，也有助于我们深入理解一本书。

如果一本书的成书时代比较早，我们对其所处的时代背景会感到生疏，这种书往往配有当代人为其所写的序。作序者通常会为我们交代一些必要的背景知识，以帮助我们理解原文。

举个例子，我在本书的自序中简单介绍了本书的主题，本书相对于其他同类作品的特点，我是谁，我在高效阅读领域的经验以及写作本书的目的。至此您已经可以大概了解本书的主要价值了。

总之，前言的篇幅一般不会很长，花时间仔细研究它，阅读的投资收益率是相当高的。这部分的阅读速度可以比读目录快一些，但不必特别追求速度快。

另外，有的书的开头有很多名人写的推荐序，对此需要区别对待。如果推荐序中多为缺少实质内容的溢美之词，可快速翻过。

2.5 整合和提问

> 上述预读步骤完成之后，读者可以在心中对现阶段读到的信息做一个简单的整合，并尝试回答下列问题：此书大概是讲什么内容？大致分为几个部分？这些部分之间的逻辑关系大概是怎样的？本书的核心观点是什么？

预读阶段由于输入的信息有限，我们通常不可能完全理解书中的内容，此时心中常常会有不少疑问，比如某观点具体的含义是什么？

为什么会有此非凡的观点？这些疑问，我们会尝试在通读阶段解决。在预读时能提出这些疑问，对我们后续的通读是非常有价值的。

2.6　文章的预读

除了对书可以用预读法之外，如果我们要读一篇比较长的文章，也可以用预读法。

> 在通读正文之前，先用 1~2 分钟把文章浏览一遍，不看全部正文，只看大标题、小标题、插图、每段首句等。如果是学术论文，可以看最前面的概述。

对于文章，预读还有另一个好处，就是可以了解文章长度，以便于你预判需要阅读的时间，做好自己的时间管理。对于太长的文章，你如果觉得不值得花那么多的时间，可以选择放弃阅读。如果值得读，也可以先暂存到稍后阅读类 App 里面，有时间再看。[1]

> 实际上，我们平时看的大多数文章，如常见的新闻报道，根本不必通读，用预读的方法浏览一遍，了解其概要即可。绝大多数新闻采用的是总分结构，就是开头部分先给出重要的事实、结论，后面列出详细的过程或论述。所以，对这类文章，预读的时候必须仔细读首段，读完首段你先判断下是否有必要读下去，如果有必要再继续读其他段落。中间的段落一般重点看看每段的首句即可，没有必要详细阅读。

---

[1] 如果读者想用眼睛来看，我推荐 Pocket；如果读者想用耳朵来听，我推荐讯飞有声 App（将在 4.1 节详细介绍）。

2.7 小结

本章讨论的话题是，在开始正式阅读之前的准备工作——预读，预读是为了提高正式阅读的效率。通过预读，我们可以快速、全面地了解一本书的大致内容、结构、观点；可以知道书里哪些地方是重点，以及对作者的背景大概有所了解。

我们的学习就像是把新知识挂接在大脑中，预习就像是先埋下一些空挂钩，这样之后再学习时把新知识挂上去会更容易。当我们的大脑已经开始思考书中提出的各种问题、开始期待去解决这些问题的时候，预读的功效就达成了。

> 在一本书的预读阶段需要做的事情包括：了解作者、细读目录、翻阅全书、细读前言、整合和提问，共 5 个步骤[一]，用时 10~15 分钟。用时不长，但成效会很明显。

实践预读

如果读者还没有预读本书，现在请回到本书的封面，做一次预读练习，然后继续读下一章。刚开始使用预读的方式，可能有些不适应，没关系，只要坚持用这个方法读几本书，就会感受到其好处。预读时，别担心预读的理解力不够，记得"学以致用"这个核心原则吗？请立即行动起来实践吧！

[一] 要说明的是，这里的预读方法主要适用于非虚构类作品。对于小说之类的虚构类作品，在预读时可以不细看目录，因为从目录中看不出太多有价值的信息，也可以省略翻阅全书的环节，把作品的悬念保持到最后为妙。

第 3 章 通读的窍门：视觉快速阅读技巧

本章将介绍通读环节中可以提高阅读速度的各种技巧，这是全书中**学习难度最大**的部分。本章既会介绍科学理论，又会介绍实操训练，内容包含多个阅读训练。在做这些训练时一定记得计时，以计算自己的阅读速度并能检验自己的训练效果。根据我们前面讲过的阅读目的决定阅读收获的原理，阅读者会自动忽略那些自己不感兴趣、不重要的内容，所以，本书在选择阅读材料时，全部选择与阅读、学习、成长这些主题相关的内容。同时，我在所有的理解力测试题中会避免将不重要的细节作为测试题目。有些练习有一定的难度，但如果你想切实提高自己的阅读速度，光了解理论是不足够的，必须经过认真、持续的练习，所以加油，让我们开始学习吧！

3.1　快速阅读的心理学与神经科学基础

> **学前小测试**
>
> 请在阅读本章**之前**，尝试回答下列问题。
>
> 1）影响阅读速度的因素有哪些？
> 2）在阅读书上的一行文字时，你的眼睛是连续移动的，还是跳跃移动的？
> 3）快速阅读者，眼睛移动的特征是什么？是移动快，是运动线路短，还是运动有规律节奏？
> 4）阅读时心中没有声音，从文字的视觉感知，直接转化到对应的含义理解，可能么？

你的阅读速度跟其他人比是什么水平？下面看一组心理学家研究测出的阅读速度数字[一]：

- 一项研究发现，我国大学生朗读的平均语速约为 246 字/分钟。
- 中央电视台新闻播音员的平均语速是 305 字/分钟。
- 一项研究发现，未经快速阅读训练的我国初三学生，阅读速度为 476 字/分钟。
- 2002 年我国教育部颁布的《全日制普通高级中学语文教学大纲》规定，我国高中生阅读一般现代文的速度不少于 600 字/分钟。

大多数人在中学毕业之后，因为没有接受过阅读方法的训练，所以 476 字/分钟、600 字/分钟大致可以代表大家阅读速度的普遍水平，而我们的目标是帮助大家的阅读速度至少达到 1000 字/分钟，并且达到较高的理解程度。本书前言中曾提到，1000 字/分钟的速度意味花 2～3 小时看完一本书。

3.1.1 阅读速度自测

下面是本章第一个阅读练习，本练习的主要目的是测试你在开始学习快速阅读技巧前的阅读速度，所以请用你最快的速度阅读下面的文字并计时，然后做题，看看自己理解了多少。

阅读练习

眼睛：糟糕的扫描仪

阅读的过程是从书页反射的光子撞击视网膜的瞬间开始的。视网

[一] 数据来自《阅读心理学》（当代中国心理科学文库），白学军、闫国利著，华东师范大学出版社出版，2017。

膜上虽然有大量的视觉细胞，但这些细胞并非均匀分布在整个视网膜上。只有被称为中央凹的中心区域，才是视网膜上唯一拥有高密集度、高感光性、高分辨率的视觉细胞的区域。中央凹也是视网膜中唯一真正可以用来阅读文字的区域，它的作用范围仅占视觉中大约15°大小的视角区域。如果有人因为视网膜受损、中风等原因，其中央凹遭到了破坏，那么这些人就不再能阅读了。在实验中，科学家发现，如果仅仅阻挡中央凹部分的视觉输入，而其他区域的视觉输入保持不变，受试者仍然无法完成阅读。

正因为能够用于阅读文字的视角区域有限，所以我们在阅读的时候需要不断地移动注视点。要识别文字，我们需要用视觉中最敏感的区域来"扫描"文本，因为只有这一区域的分辨率才足够高。然而，我们目光在书页上的移动方式并不是连续的，恰恰相反，目光总是一小步一小步地移动，我们称之为眼跳(Saccade)。其实此刻，当你在阅读本书的时候，你的眼睛也在做着每秒4~5次的跳动。

即使是在中央凹区域，视觉信息在不同地方的精细程度也并不相同。在视网膜及其后面的丘脑及脑皮层的视觉处理区域中，视野中每一部分所拥有的视觉细胞数，随着其与注视中心的距离变大而减小。这样在视野中心的视敏度最佳，而视野外围的视敏度平稳降低。我们有一种错觉，认为眼前世界的每一点有着相同的精确度，就像是用数码相机拍摄的照片上面的每个点都有相同的精度一样。但实际上，我们的眼睛只对正落于注视中心的那一点有最精细的感觉，眼睛离这个点越远，感觉越模糊（见图3-1）。

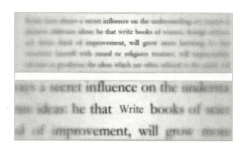

图3-1 模糊的边缘

也许你会认为在这种情况下，决定阅读难易的因素是印刷字体的大小——小字比大字更难辨识。然而事实并非如此，因为字越大，所占据的视网膜的面积就越大。当我们阅读超大号的文字时，文字会被挤到视网膜的边缘，而在边缘区域，不论字有多大，辨认起来都会困难，因此，易于辨认和难以辨认的两个因素几乎完全抵消了。当然，一切有效阅读的前提条件是，字不能小到人眼中央凹所能精细分辨的极限以下。所以，把字印大一点，对视觉减退的人（如老年人）来说，还是有帮助的。

字数：867，用时：____分____秒，阅读速度：____字/分钟

不要回看文章，判断下列陈述是正确（√）、错误（✘），还是未提及（○）。

_____ 1. 视网膜中央凹是高密布高分辨率的视觉细胞的区域。

_____ 2. 人的整个视网膜都可以用来阅读。

_____ 3. 认为眼前世界的每一点有着相同的精确度，这是一种错觉。

_____ 4. 一眼看完一整页书在科学上是可能的。

_____ 5. 小字比大字更难辨识。

_____ 6. 我们阅读时，眼睛一小步一小步地移动，这种移动称为"动眼"。

_____ 7. 如果切除了大脑中的胼胝体，阅读就无法完成。
_____ 8. 阅读时我们的眼睛跳动的速度大概是每秒 1 次。
_____ 9. 我们一次只能看清书上的一小块区域。
_____ 10. 我们的注视中心每次都前进大约 7~9 个字的距离。

（答案在本章最后，请做完练习之后再自行核对。）

这是本书的第一个阅读练习，本书后面还会有很多类似的练习。读者可以记录自己阅读速度的变化，前后做个对比。

3.1.2 影响阅读速度的三个基础因素

影响阅读速度的因素有哪些呢？当然很重要的是阅读技巧，掌握快速阅读技巧可以让我们的速度成倍提高，我将在 3.1.3 小节对此做说明。除了阅读技巧之外，还有一些基础因素会影响我们的阅读速度。

1. 对中文的掌握能力

> 首先是文辞通达的程度，也就是我们对中文的掌握能力。比如，我们看繁体字的阅读速度比看简体字慢，我们看英文的阅读速度比看中文的慢，都是因为我们对繁体字和英文的熟练程度低于对简体字的熟练程度。

如果你目前阅读标准新闻稿的速度还不到 250 字/分钟，那么现在你应该做的事情，不是学习快速阅读技巧，而是提高对常用中文的字词句的熟练程度。

2. 阅读内容的可读性

> 其次是材料的可读性，有的书语言流畅，读起来就会比较快；有的书语言比较晦涩，读起来自然就会比较慢，特别是一些翻译引进的外文作品，经常会有奇怪的"翻译腔"，行文完全不符合中文习惯，阅读起来令人非常难受，这自然也会影响阅读速度。除此之外，排版、字体、字号大小等都会影响阅读速度。简而言之，阅读材料的形式是否易读，也会影响阅读速度。

3. 对阅读内容的熟悉程度

> 读者对某个领域越熟悉，看得就会越快；相反，越陌生看得就会越慢。比如我们多数人看数学书就会比较慢，即使一个快速阅读的高手，拿起数学书也没法看得快，因为他缺少该领域知识。但若是一个数学家，即使不会快速阅读技巧，拿起本专业的书，仍然可以看得很快，因为书中大多数内容他/她之前就已经烂熟于心。

除了这些基础因素之外，还有很多因素会影响阅读速度，比如阅读时的精神状态、身体状态，阅读环境的噪声水平、光照条件，阅读材料的印刷质量等，这些因素很容易理解，我们就不一一赘述。

上述是影响阅读速度的各种因素，下面我们将进入本书的第一个重点——快速阅读技巧的讨论。影响快速阅读技巧的重大问题有三个，分别是眼跳、视距和阅读的大脑通路。

3.1.3　影响快速阅读的原理1：眼跳

通常来说，我们在阅读时，制约阅读速度最大的瓶颈是眼睛的移动速度。在前面3.1.1小节中，我们知道眼睛一次能够看清的文字量是非常有限的，因此我们要完成阅读大量文字的工作，必须不断改变眼睛的注视点，这个动作被心理学家称为"眼跳"（saccade）。眼跳的功能是改变注视点，使下一步要注视的内容落在视网膜最敏感的区域——中央凹附近，这样我们就可以清楚地看到想要看到的内容。

最早发现眼跳这一现象的是法国巴黎大学的雅瓦尔教授（Javal, 1878）[⊖]。通常我们不容易觉察到眼睛在跳动，而觉得在阅读时，我们的眼睛是在平滑地运动。例如在阅读文章或看一个图形时，我们往往认为自己的眼睛是沿着一行行的句子或物体的形状平滑地运动。事实上，我们的眼睛总是先在对象的一部分上停留一段时间，然后跳到另一部分，对新的部分进行注视。图 3-2 是斯特拉顿（Stratton, 1902）[⊖]记录到的被试在看一个圆圈时的眼动轨迹。从图 3-2 中可以看出，被试的眼睛并没有做圆周运动，而是沿直线跳动，中途有一些注视点。

图3-2　观看一个圆圈时的眼动轨迹

多数眼跳都是从一个已读过的区域朝向新的未知区域，即向前眼跳（progressive saccade），但有时还会出现反方向的眼跳，被称为回视（regression），指退回到前面语句的眼跳。回视也是一个重要的眼动现象，对于熟练阅读者来说，10% ~ 15% 的时间被用于回视。大多数回视

⊖ Javal. L. E. (1878). Essai sur la Physiologie de la Lecture, Annales D'Oculistique, 82, 242-253.

⊖ Stratton, G. M. (1902). Eye-Movements and Aesthetics of Visual Form. Philosophische Studien, 20, 336-359.

是针对紧邻的前一个词语，然而当理解不充分或文章太难时，会出现更长距离的回视，指向较早出现的词语。

快速阅读者的眼跳特征

在过去的一百多年中，科学家们一直在研究快速阅读的秘密。在这一领域，最早做出贡献的是美国心理学家沃尔特·迪尔伯恩（Walter Dearborn），他在 1906 年发表了著作 *The Psychology of Reading: An Experimental Study of the Reading Pauses and Movements of the Eye*（《阅读心理学：关于阅读节奏和眼动的实验研究》）。这本书是当时比较完整地探索阅读中眼动问题的专著。他研究发现，眼睛很容易形成每行注视固定次数的"运动习惯"，不管阅读什么样的内容。迪尔伯恩认为，是否容易形成这种运动习惯是阅读较快的读者与阅读较慢的读者的一个区别特征。

> 当其他条件恒定时，同一被试或不同被试之间存在的阅读速度差异主要与如下问题有关：被试是否容易形成有规律、有节奏的眼动并将之保持。这种眼动的特点是：第一，每行的注视次数相同；第二，注视停留时间长短有序，每行的第一次注视停留时间应该是最长的，接近行尾时的注视停留时间次之。

也就是说，快速阅读者的眼跳是有规律、有节奏的，并能一直保持这个节奏，无论阅读的内容是什么，而慢速阅读者的眼跳就比较随意，可能会有更多的注视次数、更长的注视时间，而且存在回视现象。快速阅读者的这种有规律的眼跳是可以被训练出来的，我们将要学习的快速阅读技巧，就是在训练这种节奏。

迪尔伯恩也考察了疲劳对阅读的影响。结果发现，经过一天的用眼工作，阅读者的注视次数较第二天早晨增加，注视时间也延长。因此眼疲劳会减慢阅读速度。

3.1.4 影响快速阅读的原理2：视距——视网膜生理结构的局限

根据3.1.1小节的阅读材料，我们已经知道，人的眼睛只有视网膜中央凹部分可以看清文字细节。但平时，我们感觉自己的整个视野都是清晰的，我们的感觉似乎与视网膜的结构并不一致，这是怎么回事呢？

我们来看一个有趣的实验（McConkie 和 Rayner，1975）。科学家让实验对象注视一个满是文字的电脑屏幕，但实际上这些文字已经被做了手脚，正常的字母全部被替换显示成 X，这样屏幕上的文字就无法阅读了。好在科学家用眼动跟踪仪随时探测阅读者目光注视的焦点，注视焦点到哪里就把原来的字母显示出来代替 X，当注视焦点移到其他地方的时候此处就又恢复为显示字母 X。也就是电脑屏幕上实际有一个"移动窗口"，只有这个窗口内显示的是正常的字母，窗口外显示的全部是 X，但这个窗口会随着实验对象的注视焦点自动移动。结果发现，实验对象完全没有发现科学家做的手脚，还以为自己看到的是一页正常完整的文本。实验示意图如图3-3所示。

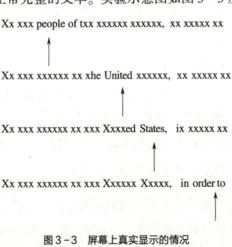

图3-3 屏幕上真实显示的情况

（箭头代表注视焦点的位置，X为被替换显示的字母）

这个实验是不是完全出乎我们的意料？我们以为我们的视野里所有地方的清晰度都是一样的，但实际并不是这样，我们的眼睛只能看清注视焦点周围一个很小的区域，超过这个区域就只能看到大致的轮廓。我们之所以认为我们的视野是全部清晰的，是因为我们的大脑做了自动"脑补"。

> 前面讲过，我们能够用于阅读的区域，大概上限是15°，而我们人眼的视野大约是向外95°、向内60°、向上60°、向下75°，这么大的范围中，能用来阅读的部分只是很小的一部分。了解了这个数据，我们就可以知道，在阅读时，我们在一次眼跳的停顿中能看清的字数是有限的，过了某个限制之后，我们的眼睛就无法分辨出我们看到的是哪个字，这个限制就叫作"视距"，也就是我们能够用来阅读文字的清晰的视觉的宽度。我们的视距越大，阅读的速度就会越快。但视距有其上限——不超过15°。

介绍上面这些数据，其实是为了破除一些关于快速阅读的伪科学，有的人声称可以一眼看完一页书，还号称"影像阅读""量子波动阅读""10分钟读完10万字"，这些说法都是纯粹的忽悠。

为什么我们的眼睛和大脑会形成这样奇怪的组合呢？因为清晰、精确的视觉需要消耗更多能量。人类的动物祖先要在危机四伏的自然环境中生存下来，而保持宽阔的视野有助于其尽快发现潜在的威胁。

对食草动物来说，宽大的预警范围比精确视觉更重要。实际上像牛和马之类动物的精确视觉比人类的差得多，它们两只眼睛分别位于头的两侧，这样它们就拥有了比人类宽得多的视野，但代价是它们无法用两只眼睛同时注视一件东西，也就无法准确估计一件东西的远近、大小。而包括人类祖先在内的灵长类动物，生活在树上，要在树杈间腾跃攀爬，采集野果为食，精确判断树枝之间的距离、野果的颜色、位置是生存必需的，所以精确视觉对人类来说更为重要。人的眼睛里有三种感受不同颜色光的光敏色素,所以我们可以区分三原色,用三原色的组合我们就可以分辨出各种丰富的色彩,但牛和马的眼睛里只有两种颜色的光敏色素,所以它们看到的世界比我们眼中的色彩要简单得多。好在这些生活在大草原上的动物,只要能判断清楚自己脚下是否有草可吃就足矣。无论是牛、马还是人类的眼睛,有现在这样的特征,都是进化中适应环境的结果。

下面我们先用一个称为"视距金字塔"的方法,来测试一下你的视距。

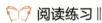 **阅读练习‖**

视距拓宽训练——视距金字塔

请看下面的部分,把注视焦点放在中间一列的数字上,不要注视两边的字,从最上面的数字开始慢慢移动视线到下一行,开始的时候你用余光可以看到两边的字,越往下视距越宽,你总会在看某一行的时候,不能再看到两边的字。记住当前看到了哪一行,以后你可以经常复习这个练习,用来拓宽你的视距。

```
                    4    1    9
                   12    2    28
                  47     3     52
                 39      4      26
                16       5       38
               80        6        77
              94         7         62
             37          8          31
            76           9           64
           19           10            42
          47            11             87
         13             12             45
        95              13              36
       27               14               62
      30                15                 69
```

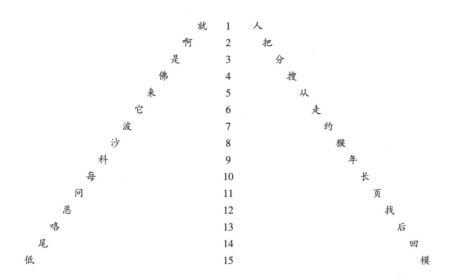

> 需要说明的是,阅读不同的语言文字写成的文本时,我们的视距是不一样的。对于英文这样的拼音文字,字符密度比较稀疏,阅读的视距会大一些,而中文字符更为密集,所以视距会小一些。但实际上在字符数量相同的情况下,中文能表达的含义比英文更多,所以较小的视距不会影响阅读信息输入的速度。

学者们还一致认为,眼动的方向使得我们的视觉广度产生了不对称性。对于从左向右书写的文字,人们习惯的视觉广度更加偏向于右侧,注视焦点右侧的视觉广度,比左侧更大。而对于使用阿拉伯文或希伯来文这样从右向左书写文字的阅读者来说,他们视觉广度的不对称性则表现为向左偏移。

3.1.5 影响快速阅读的原理3:阅读的大脑通路

下面我们来了解影响阅读速度的另外一个重要的原理——**默读是限制阅读速度最大的瓶颈**。默读,是指嘴唇不动、嘴不出声,但大脑中一直有一个声音把内容念出来。这正是未经训练的大多数人阅读时的状况。我们要大幅提高自己的阅读速度，就必须尽量不默读。脑子里没有声音，我们真的可以理解内容吗？

我们知道人类所有的文字书写系统都有两种不同的表达通路，一种是表音，一种是表意。汉字是所有文字里表意通路最发达的一种，汉字里有很多象形字，那都是纯粹的表意，但汉字中占比例最多的却是形声字，也就是字的一部分用来表音，一部分用来表意。英文是典型的拼音文字，但其中也有少量表意的部分，比如单词 know 前面有一个不发音的 k，这主要是为了和单词 now 区分。这两个词在读音上是很容易区分的，但在书写上如果没有字母 k，就会给书面阅读理解造成障碍，所以才有了现在的拼写方式。

> 人类所有的书写系统都在精确表音与快速表意之间摇摆，这种情况也直接反映在阅读者的大脑中。我们大脑里与书写系统对应的是同时存在两条信息加工通路——"语音通路"和"直接通路"。两条通路都从视觉文字图像出发，语音通路的理解过程是：视觉图像→语音→含义；而直接通路的理解过程是：视觉图像→含义，跳过了语音环节。当我们阅读时，两条信息加工通路同时存在并相互补充。

如果阅读汉字内容，当一个字、词不太常见，或者是看到一个生字、生词时，我们倾向于利用"语音通路"进行加工。我们遇到一个生字时会把字拆开，读声旁的音然后根据形旁猜测其含义；如果遇到一个陌生的词汇，比如"脑源性神经生长因子（BDNF）"，我们会把这个词的每个语素仔细推敲一下，猜测其含义，然后对照上下文，想想这个词是什么意思。但是对于常见字、词我们并不需要经过上述过程，可以直接从字形到含义，这大大加快了速读。比如我们看到"火星文"三个字立刻就能理解其含义，而看到"焱暒孜"虽然能够看懂，但必须经过中间的拆解、发音过程才可以理解，读速也就慢很多。

阅读英文之类拼音文字也是相同的。当我们遇到一个生词时，如"Triceratops"，我们会先将字母串解码，然后将其按照读音规则转换为读音，最后尝试提取这种读音模式的意义。但是，当我们看到英文常见词汇时，我们采用"直接通路"进行阅读加工，先识别单词并提取意义，然后利用词义信息去提取它的发音。比如我们看到单词"word"，并不是一个字母一个字母地看，再拼起来读出发音，然后才理解这个词的含义，而是看到这个词的时候，含义已经在大脑中形成了。

存在这两条通路的最好证明，来自对一些脑损伤病人的心理研究。[1]此项研究的被试是一些由于中风或脑损伤失去了快速提取字母发音信息能力的病人，他们已经无法顺利完成从字母到读音的转换。这些病人在脑损伤之前是可以正常阅读的，但在脑损伤之后，他们既不能读出不常见的单词，如"sextant"（六分仪）；又不能读出或理解新词或自造的词。比如我们用表示"反向"的词根 de-和单词 partition（划分、分开）组合而成一个新的单词"departition"，或者编造一个不存在但符合拼读规则的新单词，如"calbonter"，这样的词汇他们就无法读出或者理解了。显然此时他们的"语音通路"已经被阻断，然而他们仍然可以理解高频词，如"eyes"（眼睛），甚至包括那些并不符合普通拼读规则的高频词，如"women"（妇女）。而且他们偶尔还会将一些意义相近但拼写完全不同的词弄混，例如把"ham"（火腿）读成"meat"（肉），把"painter"（画家）读成"artist"（艺术

---

[1] Marshall & Newcombe, 1973; Shallice, 1988; McCarthy & Warrington, 1990; Coltheart, 1997.

家)。这也就是说,尽管这些患者已经基本失去对字母读音进行加工的能力,但是他们仍然能识别书面文字。这证明了语音通路之外的"直接通路"是存在的。当从"视觉"到"声音"的通路被阻断的时候,信息仍然能够通过从"视觉"直接到"意义"的通路进行加工。

而与之相反的情况也有过记载。这一次的患者无法直接提取意义,而是只能通过慢慢地拼读出所有单词来阅读,患者仍然可以阅读符合拼读规则的单词,如"banana"(香蕉),甚至可以读出新词,如"chicopar"⊖,但是他们却几乎无法读出不规则的单词。他们会按照字母的标准拼读法来念这些不规则单词,如有一个患者将"enough"(足够)读成"inog",并且说他从来没听过这种奇怪的单词。很明显,该患者的直接通路被阻断了,但语音通路却仍然可以正常运作。

这两类患者的对比证实,我们拥有两条完全不同的阅读通路,对于常用字词我们常用直接通路理解,并非必须经过声音环节,但对于生字词或者陌生的表达方式,我们往往需要动用声音环节。而汉字相对于拼音文字,在字形上有更为明显的特征,在字形和字音的对应关系上又具有比较大的任意性,所以汉字阅读时,从形到义的直接通路同样存在。

科学家通过功能性磁共振成像(fMRI)也观察到,我们的大脑在处理阅读任务时,不同的通路利用到的脑区也是不同的。当我们使用语音通路的时候,负责提取语音与发音的脑区会活跃,但使用直接通路的时候,这个脑区并不活跃。图3-4展示了大脑中的阅读神经网络。

⊖ 这是一个英文中不存在的词汇,但符合英文的拼读规则,可以从其字母组合读出其发音。

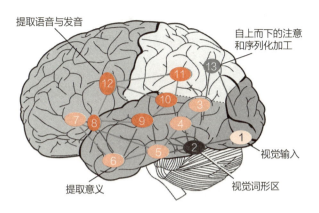

图 3-4 大脑中的阅读神经网络

1-枕叶　2-腹侧枕—颞区　3-角回　4-颞中区　5-前纺锤区
6-前额叶区　7-下额叶区　8-前脑岛　9-颞上区　10-颞上区
11-缘上回　12-中央前区　13-后顶叶区

前面讲这些脑科学知识,其实只是想向读者说明一件事,那就是:

> 我们在阅读时,不默读,跳过脑内的声音,从视觉文字图像直接到含义是可行的。而且,我们要大幅提高自己的阅读速度,就必须尽量抑制默读,阅读过程如果能跳过声音转化这个步骤,速度自然会大幅提升。

最后要说明的是,我们不可能完全避免默读,只能尽量减少默读。而且有些情况下,读出声是好事,比如,读诗歌、韵文,或者要背诵的某些经典内容,这时候听觉是很重要的信息通路,可以帮助理解和记忆。而且,前面已经讲到,当我们读到一些生字、生词时,默读是不可避免的。

3.1.6 小结

通过本节内容,我们了解到影响阅读速度的各种基础因素,也了解到快速阅读技巧的基础科学依据。下面我们将进入快速阅读的训练部分，读者会发现，快速阅读的方法实际上是围绕本节所讲的三个原理展开的：有规律的眼跳、拓宽视距、抑制默读。

3.2 视觉速读训练

> **学前小测试**
>
> 1）阅读时用手指着文字阅读，可以提高阅读速度么？
> 2）阅读时，是否有必要确保对每个字都花费相同的注意力？
> 3）从行尾向行首逆向移动视线，可能读懂含义吗？
> 4）你有使用阅读类 App 读书的经历吗？你的阅读类 App 上的字体会设置为多大？

在 3.1 节中，我们了解了快速阅读的原理，本节我们来做具体的提高阅读速度的训练，其中 3.2.1～3.2.11 小节介绍纸质书的快速阅读法，3.2.12 小节介绍在电子设备上快速阅读的技巧。3.2.1～3.2.11 的每个小节会介绍一种提高阅读速度的训练方法，难度从低到高逐渐提升。要说明的是，这些练习往往不是做一次就能有成效的，需要读者自己在未来的阅读中经常自行练习。因为，所谓练习，就是要把一个技能从你了解的状态，变成你能使用的"肌肉记忆"，让它成为你自发的下意识行为，使大脑不需要意识的指挥就可以执行程序。所以你也可以用本节介绍的方法自己找其他各种阅读材料来训练。

3.2.1 卡片法：消除随机回读

既然快速阅读者的眼跳是规律的，那么如果我们的眼睛习得这种规律，我们的阅读速度就会提高。首先我们要练习一下，避免眼睛的随机"回读"。阅读的时候,我们的眼睛会返回去注视已经读过的内容,这就叫作回读,如果是由于需要重新理解前面没有弄懂的内容,那么这种主动回读没有问题。但很多人读书时,眼睛会下意识或习惯性地乱跳,这就会破坏眼睛移动的节奏规律,也就会降低阅读速度。那么怎么消除回读呢?

最简单的方法就是用一张卡片挡住已经读过的行,当你的视线下移到新的一行时,卡片也跟着遮住刚刚读过的一行,这样自然就不会做无意义的回读了。

现在请找一个有遮挡效果的物体,比如卡片、尺子、名片等,如果什么都找不到,用你的手掌也可以。用它遮住材料的最上面,开始阅读,每读完一行,遮挡物就向下移动一行。请用这个方法,阅读下面的材料并计时,阅读之后回答材料后面的问题。

阅读练习

走出舒适区

一个人想要提高能力,就必须迫使自己走出舒适区。当我们面对超过现有能力的压力时,大脑或身体就会产生补偿效应,发展出更强的能力,把当前让我们难受的区域变成自己的舒适区,这样我们的能力就提高了。相反,不走出舒适区,能力就不会提高。当然在走出舒适区时我们也不能一次跨越太大,大到让自己无法承受,那样会适得其反。

比如,业余钢琴爱好者从十几岁起就开始学钢琴,可30年过去了,他还在以完全相同的方式弹奏着同样的曲目。看起来,他已经积累了10万小时的"练习",但他非但不会比30年前弹得更好,反而可能比年轻时弹得更差。在医学领域,这种现象同样存在。一项对多位医生进行的研究发现,已执业三四十年之久的医生,在一些客观绩效指标的表现上反而不如一些刚从医学院毕业两三年的医生。这表明，那些医生中的大多数在他们的日常工作中并没有精进自己的业务，或者没能维持住他们的能力；他们没有给自己设置太大的挑战，或说没有迫使自己走出舒适区。

关于这一点，有一个本杰明·富兰克林研究国际象棋的故事可作为例证。富兰克林是美国一位著名的天才。他是一位科学家，因对电的研究而闻名；他也是一位受欢迎的作家和出版家，出版了名著《穷理查年鉴》(Poor Richard's Almanack)；他还是美国第一家公共图书馆的创始人、卓有成就的外交家等；他更是一位发明家，发明了双焦眼镜、避雷针和富兰克林火炉。但他最痴迷的是国际象棋。他是美国第一位国际象棋棋手，曾参加过最早的国际象棋比赛。他在欧洲的时候，和当时最著名的棋手下过棋。他下了30年国际象棋，进入晚年，他把更多的时间花在下棋上。尽管他曾给大家提过"早睡早起"的建议，但他自己却经常整夜下棋，直到第二天太阳升起。

本杰明·富兰克林本身才智过人，还花了数千个小时来下棋，有时候还和当时最佳的棋手过过招，那他是否成为最伟大的国际象棋棋手？没有。他的水平只能算得上中上等，从来没有强大到能与欧洲优秀棋手抗衡的程度。在国际象棋上的技不如人，令他感到异常气馁，但他从不知道，自己的棋艺无法精进的原因。如今我们明白了，原因就是：他从来没有逼迫自己走出舒适区，也从来没有做过数小时的提高棋艺所必需的刻意练习。他就如同一名在30年中一直以同样的方式练习同样曲目的业余钢琴爱好者一样。这种做法，只能使自己停滞不前，而不是使自己技艺精进。

字数：935，用时：____分____秒，阅读速度：____字/分钟

不要回看文章，判断下列陈述是正确（√）、错误（✗），还是

未提及（○）。

_____ 1. 人如果想要取得进步，必须走出舒适区。

_____ 2. 走出舒适区，给自己的挑战越大越好。

_____ 3. 一个练习了30年钢琴的业余爱好者，通常会比十几岁的时候弹得更好。

_____ 4. 钢琴爱好者通常会聘请专业老师指导自己练习。

_____ 5. 富兰克林是美国著名的发明家、作家、外交家。

_____ 6. 富兰克林投入了大量的时间、精力练习国际象棋。

_____ 7. 有时有30年经验的医生，在一些指标上比刚毕业的医生表现得更差。

_____ 8. 越是经验丰富的医生，收入水平越高。

_____ 9. 富兰克林知道自己棋艺无法精进的原因。

_____ 10. 走出舒适区之后，身体或大脑会产生补偿效应，从而提高能力。

你的理解力如何？对于此类文章的阅读，能理解70%～90%的内容，或者说10个问题回答对了7～9个，就算理解力不错，不必追求全对，经过训练之后你的理解力会有所提升。接下来介绍的视觉速读有很多技巧、方法需要训练，卡片法是最简单的一种，后面会逐渐提高难度，坚持不懈地跟着本书的内容做练习，你的阅读速度就会越来越快。

3.2.2 强制提速以减少默读的3个方法

我们已经知道，默读会降低我们的阅读速度，那么如何减少默读呢？前面已经讲过最好的方法是加快速度，让语音通路跟不上节奏，所以我们需要主动地检查自己是否在默读，如果是，就应强制自己提速。

怎样强制自己提速呢？下面有 3 个方法：

1）首先使用引导物，比如手指、笔，用它来引导眼睛按照一个较快的速度输入信息，这部分内容将在 3.2.3 小节详细介绍。

2）其次，阅读时主动寻找关键词，而不是通读所有文字，这会大幅提高你的阅读速度。这部分内容将在 3.2.5 小节讨论。

3）最后，通过抑制出声运动可以抑制默读。默读的时候虽然没有出声，但是你的声带、舌头甚至嘴唇往往还是在按照出声的方式在小幅度地运动，抑制这些运动，就可以起到抑制默读的效果。所以，如果你的默读问题很严重，可以试试这些方法：

① 嘘，食指放到嘴唇上。
② 在嘴唇上涂上牙膏，动嘴唇你就会吃牙膏。
③ 嚼口香糖。
④ 保持舌头不动，将舌头顶在上牙床上。
⑤ 发出模糊的声音，比如"啦——""哼——"之类，让自己的舌头做点别的事情。

3.2.3 单行引导法：训练眼跳

我们已经知道，快速阅读者的眼动特征是有规律、有节奏的眼跳，而且默读会降低阅读速度，现在我们开始训练有规律的眼跳，同时开始练习抑制默读。

> 训练眼跳最好的办法是：用一个引导物去吸引你的视线。因为我们控制引导物进行有规则的移动是比较容易的，控制眼睛相对更难一些。而要抑制默读，最好的方法是加快速度。速度提高后，语音通路跟不上节奏，自然会被抑制，一旦你的速度慢下来，你的语音通路又会自动启用，此机制并不受我们意识的控制，是自然发生的。我们能做的就是主动检查自己是否在默读，如果是，可以用引导物强制自己提速。

最方便的引导物就是我们的手指，你可能觉得用手指着文字读书有点傻，但实际上多数的快速阅读方法都是有视觉引导物的。因为相对于静止的文字，我们的眼睛天生就会更关注动的东西。在自然界动的东西意味着潜在的危险或猎物，是更需要关注的东西，如果我们的祖先没有进化出这种特性，可能早就灭绝了。所以，如果你看到一个人用手指引导法做快速指读，那说明他练过速读，这非但不是傻，反而是更高级的阅读方法。要说明的是，我们将介绍的"手指引导法"与小孩子刚刚学认字阅读时习惯用手指着每一个字来朗读，完全不是一回事，读者请不要误解。

下面我们练习一下用食指做视觉引导，这个练习并不是为了阅读内容，只是帮助你找到手指移动速度的基准。请先记住本页的页码，然后随机翻到一页你没有看过的位置开始阅读。阅读时：

1) 伸出食指放在阅读内容每行的下面，移动食指引导视线。
2) 关注自己是否在默读，如果是，则加速移动手指，直到不再默读。
3) 不必过快移动手指，以至于完全看不懂内容。
4) 试验几次找到食指移动速度的阈值。
5) 做这个练习并不需要计时。

找到这个手指引导的速度阈值之后，用这个速度开始阅读下面的材料，并计时。

阅读练习 ‖

长期的音乐训练如何改变大脑

长期的音乐训练会如何影响人的大脑，而大脑的这些变化又会如何造就人在音乐上的造诣？在过去20多年中，研究人员对这些问题做了细致的研究，其中最有名的一项研究成果发表在1995年的《科学》（Science）期刊上。美国阿拉巴马大学伯明翰分校的心理学家爱德华·陶布（Edward Taub）与四位德国科学家合作研究，招募了六位小提琴演奏家、两位大提琴演奏家和一位吉他演奏家，这些演奏家全都不是左撇子。研究人员对他们的大脑进行了扫描。另外，研究人员还招募了六位并非演奏家的实验对象并扫描了他们的大脑作为参照。研究人员想了解的是，在这两群人的大脑中专门用于控制手指的部位有哪些不同。

陶布最感兴趣的是演奏家左手的手指。演奏小提琴、大提琴或者吉他时，演奏家需要对左手的手指进行超常的控制。手指不仅要在乐器上来回滑动，还需要在琴弦之间来回快速切换，并且必须异常准确地放在特定的位置。此外，如果要演奏出颤音之类的带抖动效果的声音，就需要手指的颤动，这通常需要大量的练习才能熟练掌握。左手大拇指的动作则比较简单，主要用来握紧乐器。右手的任务也比左手简单得多，对大提琴和小提琴演奏家而言，主要是握住琴弓，而对吉他演奏家来说，主要是拨弹或捏住弦。总之，对演奏这类乐器的训练，重点是演奏者加强对自己左手手指的控制。因此，陶布提出的问题是：这会对大脑产生什么影响？

陶布的团队使用脑磁图仪来观察研究对象的大脑，这种仪器通过检测大脑中细微的磁场来确定大脑中哪个脑区处于活跃状态。研究人员会触碰研究对象的单根手指，并在每次触碰时，观察他的大脑的哪些部位发生了响应。研究人员发现，与非演奏家的对照组相比，演奏家大脑中控制左手的区域明显大得多，特别是控制左手手指的大脑区域，已经占据通常专门用于控制手掌的部分脑区。此外，演奏家开始练习演奏的时间越早，这种扩大现象就越明显。研究人员在演奏家与非演奏家两组实验对象控制右手手指的大脑区域中，并没有发现任何差别。

这项研究说明：演奏家长年练习某种弦乐器，使他们大脑中控制左手手指的区域逐渐扩大，从而使他们控制左手手指的能力日渐增强。

在此项研究成果发表后的20多年里，其他研究人员沿着这一方向继续探索，并发现了音乐训练影响大脑构造的各种不同方式。例如，与非演奏家的研究对象相比，演奏家的小脑通常更大一些，而且，演奏家训练的时间越长，其小脑也越大。而小脑是大脑中负责控制运动的脑区。与非演奏家的研究对象相比，演奏家大脑中负责身体感觉、双手感觉、运动计划和空间运动的脑区，都拥有更多的脑灰质（一种包含神经元的大脑组织），也就是说拥有更多的神经元。

综上，长期的音乐训练增强了练习者演奏乐器的能力，同时以各种不同方式改变了练习者的大脑结构。

字数：1103，用时：＿＿分＿＿秒，阅读速度：＿＿字/分钟

不要回看文章，判断下列陈述是正确（√）、错误（✗），还是未提及（○）。

＿＿＿＿ 1. 在爱德华·陶布发表的论文中，其研究对象包含钢琴家。
＿＿＿＿ 2. 小提琴、大提琴或吉他的演奏家，对右手的使用技巧比左手要求更高。
＿＿＿＿ 3. 小提琴演奏家大脑中控制左手手指的区域比非演奏家明显大得多。
＿＿＿＿ 4. 大提琴演奏家大脑中控制右手手指的脑区比非演奏家明显大得多。
＿＿＿＿ 5. 演奏家的小脑通常比非演奏家大一些。
＿＿＿＿ 6. 演奏家训练的时间越长，小脑越大。

_____ 7. 音乐训练有助于提升大脑的兴奋水平。
_____ 8. 演奏家与非演奏家相比，在一些脑区拥有更多的脑灰质。
_____ 9. 在某些领域发展了技能的人，可能在另一些领域出现退化。
_____ 10. 长期的音乐训练改变了人的大脑结构。

怎么样，手指引导是一个相当好的工具，你还可以自己多找机会练习用手指引导，并且开始探索自己的指读节奏。

3.2.4 节拍器：训练眼跳的辅助小工具

在练习使用引导物阅读时，如果你无法很好地控制阅读速度，经常不自觉地放慢速度，产生默读，那么可以使用节拍器作为辅助工具，提醒自己保持阅读节奏。如果读者手头没有节拍器，也可以在手机的应用市场搜索"节拍器"，下载一个 App。节拍器的具体用法如下：

在节拍器中设定好每个循环的拍数和周期，每一拍对应一次眼跳，每个周期阅读一行，这样，练习的时候，每次重音响起都要保证换行，每次轻音响起都要保证一次眼跳。等读者练熟之后，可以用更直接的办法，只设定单一的重复音节，每次响起都提醒自己换行。如果中途有些地方阅读节奏和节拍器错位，那也没有关系，稍作停顿，下一行再和节拍器同步即可。

节拍器只是一个辅助工具，等读者掌握了视觉引导的节奏，把这种引导手法变成自己的肌肉记忆之后，不必一直使用节拍器。

3.2.5 关键词阅读法

前面我们都是在通过训练眼跳的方法来提高阅读速度，并没有用到对阅读内容含义的理解，但实际上，阅读总是基于对上下文的理解，如果能够把这种理解利用起来，对提高阅读速度会有巨大的帮助。下面我们就从"关键词阅读"开始介绍。

我们在以往的阅读经验中，往往是逐字阅读，阅读的时候，认为自己要读到每个字才能理解内容（这个习惯，可能是从朗读或者默读的基础来的）。但实际上并非如此。我们的语言中，有大量的词汇实际只起到语法结构作用，或者其含义只对内容起较弱的补充作用。如果我们只是为了获取阅读内容的含义，忽略这些词汇，对理解内容并不会有太大影响。**如果我们在阅读的时候，重点关注关键词，对其他词汇主动地看得更快或者忽略，就是关键词阅读。**

从另一个层面来说，逐字阅读其实也并不比关键词阅读理解得更深刻，因为即使我们做逐字阅读，也不能保证原文含义被完全理解，而我们通过上下文信息，结合关键词足以推断出阅读内容的主要含义，关键词阅读的效率显然比逐字阅读高。

其实，我们大多数人在上学阶段就接触过"关键词阅读法"，典型的例子是常见的英语考试题型——完形填空。在做完形填空时，阅读的文章里会挖掉一些词汇，让你依据上下文猜这些词汇，这些词其实就是不包含语义只有语法意义的词，真正阅读的时候是可以忽略的。再举个例子，比如下面这句话：

"一般一句话的意思，是由其中的几个关键词决定的。"

这句话中真正表达重要语义的词，只有"句""意思""由""关键词""决定"这5个词汇，总共9个字，而刚才这句话，不算标点总共是21个字。如果读者能结合上下文和这几个关键词，完全可以推断出整句话的含义，剩下的12个字完全可以一眼扫过，不必消耗太多时间。所以用关键词阅读法，你的阅读效率会大幅提高。关键词阅读法带来的另一个附加收益是，它也可以帮助我们减少默读，从而进一步促进阅读速度的提高。

> 那么什么样的词才是关键词呢？首先，关键词没有一定之规，需要结合上下文语义来理解，还和阅读目的相关。对同一篇内容，你找到的关键词和我找到的可能就不一样的，因为我们对什么事情重要，什么事情不重要的定义是不一样的，我们都是在阅读内容中寻找自己感兴趣的部分。大多数情况下，关键词是名词或者动词的可能性最高，有些情况下也可能是形容词，代词、数词、量词的可能性比较低。通常不是虚词，虚词就是指：介词、连词、助词、叹词、拟声词。比如：
> "曾经有（动词）一（数词）份（量词）真诚的（形容词）爱情（名词）在（介词）我（代词）面前……如果（连词）上天能够给我一个再来一次的机会的话（助词）……"

我们来实践一下，请阅读下面的段落，阅读的时候，用铅笔勾画出你认为的关键词，这次不用计时。读完一遍之后，请再读一遍，这次读的时候，只关注自己勾画出来的关键词，看看是否能理解含义，是否需要调整自己第一次的勾画。

📖 **阅读练习‖**

关键词阅读

在《认知心理学：认知科学与你的生活》一书中，作者记录了心理学家 Reicher 在 1969 年做的一个有趣的实验。他让被试识别两个字母（如 D 和 K）中的哪一个出现在屏幕上。实验分为三种情况，第一种情况是一个字母单独出现；第二种情况是一个字母包含在一个单词中出现（如 WORK、WORD），这些单词都是由两个字母中的一个和另外三个字母构成的一个常用英语单词；第三种情况是该字母与另外三个字母形成一个不是单词的组合（如 OWRD 或 OWRK）。无论哪种情况，都是内容出现后即被遮挡，并要求被试指出刚才出现的字母是 D 还是 K，再测量他们识别的准确率。

神奇的是，被试在第二种情况下，也就是单词语境下识别字母的精确程度，远高于字母单独出现或在非单词语境下出现时。这一结果被称为"字词优势效应"或"字词优势"。字母在一个熟悉的语境下比在非熟悉语境下或根本无语境的情况下明显地更容易被识别。

做完这个练习，你可能已经体会到，用关键词阅读法的时候，你的眼睛的运动路线，会在关键词上慢下来，在非关键词上比较快，形成一种错落相间的节奏。

关键词的确定并不唯一，要根据每个人自己阅读的目的决定，下面是我勾画关键词后的上文，仅供读者参考。你也可以再次阅读，体会下只看关键词时，速度是否更快。

在《**认知心理学：认知科学与你的生活**》一书中，作者记录了**心理学家** Reicher 在 1969 年做的一个有趣的**实验**。他让被试**识别两个字母**（如 **D** 和 **K**）中的哪一个出现在屏幕上。**实验分为三种情况**，第一种情况是**一个字母单独出现**；第二种情况是一个**字母包含在一个单词中出现**（如 WORK、WORD），这些**单词**都是由两个字母中的一个和另外三个字母构成的一个**常用英语单词**；第三种情况是该字母与另外三个字母形成一个**不是单词的组合**（如 OWRD 或 OWRK）。无论哪种情况，都是**内容出现后即被遮挡**，并要求**被试指出**刚才出现的**字母是 D 还是 K**，再测量他们**识别的准确率**。

神奇的是，被试在第二种情况下，也就是**单词语境下识别字母的精确程度，远高于字母单独出现或在非单词语境下出现时**。这一结果被称为"**字词优势效应**"或"字词优势"。**字母**在一个**熟悉的**语境下比在非熟悉语境下或根本无语境的情况下明显地**更容易被识别**。

3.2.6 意群阅读法

和关键词阅读法类似，另一个可以加快阅读速度的方法，是"意群阅读法"。

> 所谓"意群"，就是构成同一思想的一群词汇。如果在阅读时，我们每次眼跳都可以处理一个意群，就会比一次只读一个字或词速度更快。意群的划分，比较直接，通常参考标点符号即可，一个长的无标点句子，也可以划分为2~3个意群。

比如下面这样划分的意群：

意群阅读法/就是阅读/构成同一思想/的一群单词/。通过寻找/这些意群，你迫使视线/在保持/好的理解力/的同时/移动得更快些。

我们还是做个练习，请阅读下面的段落，并为这段话划分意群，用斜杠隔开每个意群，不必计时。

📖 阅读练习 ‖

意群阅读

在《过剩时代的学习》一书中，作者提出4个应对信息过载时代的学习方法。首先是克服"干货饥饿症"。"干货饥饿症"表现为：收藏了一堆材料没看，但继续囤积；听到某个新概念、新名词、新领域，觉得周围人都在说，唯恐自己落伍，也要去追，哪怕对自己的未来和成长并没有帮助。

克服"干货饥饿症"的办法是养成反省的习惯，了解自己需要学什么，不需要学什么，要对自己的进程时刻观察，适时矫正。另外，要用对待手机流量的态度来对待自己的注意力和记忆力，不能让过多

"干货"占用我们注意力的流量和学习的内存。对于网络上的丰富资源，要么学进去，要么删掉，不要收藏着做"缓存"。对可能有用或可能没有用的东西，就不要过多占用注意力。

在阅读的时候，完全可以结合意群阅读和关键词阅读两种方法。一段文字，可能开始时看到几个意群，然后看到几个关键词，再看到几个意群，交替结合起来。对于每行比较宽的材料，通常意群阅读法和关键词阅读法都比较好用，对于每行很短的材料，意群往往会被换行打断，此时就更适合关键词阅读法。

无论是关键词阅读法还是意群阅读法，其实都是一种主动阅读的策略，也就是阅读者主动去在文章中搜索自己感兴趣的信息，主动按照自己的需求对文章内容做划分，而不是被动地跟着文章的行文去阅读。

> 主动阅读首先要求读者有明确的阅读目的，然后才能在材料中找到那些对自己重要的内容。同时需要读者积极地运用自己的背景知识，与从材料中输入的信息相结合，来进行理解。主动阅读除了在速度上比被动阅读更快之外，在理解程度上也会比被动阅读更好。

3.2.7 左右手垂直引导法

前面讲过，1906年心理学家迪尔伯恩发现，快速阅读者在每行的开头处，其眼跳的停留时间较长，在每行结尾处停留时间次之，在行中间的眼跳停留时间相对较短。当然这个规律并不是绝对的，需要结合具体阅读材料的情况来考虑。但大体上，我们可以按照这个眼跳规律来训练自己的眼睛形成更关注行首尾的肌肉记忆。

训练的方法与单行引导法类似，还是使用引导物，一个在行首引导,一个在行尾引导。下面具体说明。

1)伸出你的左手食指,放在下面阅读材料的第一篇文章的第一行最左侧向右数第三个或者第四个字的位置。

2)开始用关键词阅读法+意群阅读法,但不要移动手指,而是左手食指一直停在这个位置,直到读完第一行。

3)左手食指垂直向下迅速移到第二行相同位置,继续读,然后每行如此垂直向下移动食指,直到读完全文。

4)用右手食指来重复上述方法阅读第二篇文章,唯一不同的是,右手食指停留的位置是每行最右侧向左数第6个字左右。

为什么要向里几个字,而不是直接把手指定在行首或行尾呢?这基于3.1.4小节介绍的原理:为了充分利用我们的视距。我们一眼能看到一段文字,而不只是一个文字,所以如果我们要把注视焦点移动到首尾边缘内侧一点,我们就可以充分利用自己的视距,减小眼跳的距离,这样阅读速度就提高了。

那么为什么我们从左侧向内移动的距离比从右侧向内要少一些字呢?回想一下我们前面讲过的汉字阅读者视距的特点,就可以想到,我们的左侧视野比右侧视野要窄一些。

下面,我们开始练习。请你用左手食指引导练习阅读下面的第一篇文章,右手食指引导练习阅读第二篇文章。本练习要计时。

阅读练习

以饮食比喻读书

日常饮食,可分为四种。第一种是主食,如米饭、面条、馒头等,这些食物能让我们吃饱,不吃就会觉得肚子饿。第二种是美食,如鱼、虾、牛排、大闸蟹等,它们给我们补充蛋白质,属于高营养食物。第三种是蔬菜水果，帮助我们补充维生素及吸收纤维质。第四种是甜食，如饭后的蛋糕、冰淇淋、糖果等。

阅读好比给头脑的"饮食"，也可以分成四种。第一种阅读，是为了寻求面对的具体现实问题的直接解决之道，比如读关于职业发展、工作选择、生活技巧、心理健康等方面的书。读这类书很像吃让我们有饱足感的主食，这种阅读可以称为"主食阅读"或"生存需求的阅读"。

第二种阅读，并不直接对我们人生中的具体问题提供解决之道，但是此种阅读可能帮助我们跳出具体问题，找到一些更为深刻的思维方法，让我们能够看清问题或现象的本质。这种阅读是在帮助我们体会人类生命深处的共鸣、思想深处的结晶，很像是品尝饮食分类里的"美食"，所以称为"美食阅读"或"思想需求的阅读"。

第三种阅读，仅仅是为了查阅信息，比如查阅不了解的字义、语义、典故等。这种阅读很像是吃饮食里的蔬菜、水果，所以称为"蔬果阅读"或"工具需求的阅读"。

前三种阅读的目的都是解决各自的现实问题，而第四种阅读是没有特定目的的阅读，或说阅读的目的是阅读过程本身，是被当作娱乐、休闲、审美活动的阅读。这很像是吃饮食里的甜食，追求的是口感，所以称为"甜食阅读"或"休闲需求的阅读"。

和实体饮食分类不同的是，阅读饮食的四种分类并没有那么客观、绝对。实体饮食里，主食一定是高淀粉，美食通常是高蛋白，蔬果通常是高纤维，甜食通常是高糖，有客观的分类标准。但是阅读饮食的分类却因人而异，各有各的分类标准。对你是主食的，对他可能是美食；对我是美食的，对你又可能是甜食。因此，以上所谈的阅读饮食的分类，只是根据自己的阅读需求而做的。你可以定义自己的四种阅读饮食分类，但不论如何定义，请记住：

- 一、总要有主食、美食、蔬果、甜食这四种分类。
- 二、不论你如何区分四类饮食，区分之后，总要保持饮食的均衡。

主食阅读

在某段时间或某个地区，主食阅读对某些人特别有意义。

前面说过，主食阅读的目的是寻求学业、职业、工作、生活、生理、心理等"具体现实问题"的"直接解决之道"。所以，学生读的教科书，上班族读的职场技能提升方面的书，专业人士研读的自己专业的书以及理财方法的书、人际关系处理的书、励志类书，等等，都属于这一类。做重体力劳动的人，如果不吃主食，就会体力不足，无法完成自己的工作。同理，主食阅读对有学业、职业、专业压力的人就特别需要。这些人要完成他们的工作任务，必须依靠主食阅读。

主食阅读，可以带给我们饱足感，但它带来的饱足感，会让人误以为自己不再需要其他营养了，阅读止步于此，这就是主食阅读的陷阱，每当一些企业家分享他爱读的书单，书单上仅列出经营策略与理论类书籍时，便是步入了主食阅读的陷阱。

这种陷阱会产生两个风险。第一个风险是，我们会意识不到主食的不足。因为主食阅读（生存需求的阅读）中其生存的知识是随时间、空间而不停变化的，所以，在某段时间或某个地区，这种阅读对某些人特别有意义。但是对一旦过了那段时间的人，或是对同一时间不在那个地区的人，或是对同一时间同一地区的另外一群人来说，这种阅读就没有什么意义了。

尤其在互联网领域，几乎每一两年就会诞生几个热门的新概念，如"共享经济""新零售""互联网+""区块链""虚拟现实""元宇宙"等，这些概念刚刚出现时，往往被媒体铺天盖地地报道，然后陆续有一批关于这一话题的图书出版。当时如果你没有读过几本这方面的书，都不好意思自称为业内人士。可是，再过一两年，这些概念会被人们逐渐淡忘，相关的书会渐渐失去吸引力，悄悄退出市场。时间跨度再大一些，30年前流行的企业管理专著，今天可能鲜有人知；20年前炙手可热的商业成功人士，今天其传记可能早就无人问津。这些时效性较短的知识，一旦过了某个阶段，原来阅读它们很有意义，现在就变得毫无意义了。

第二个风险是，只做主食阅读，可能会错过太多其他的阅读美味。日常饮食里，没有人餐餐只吃米饭、面条，不吃菜，我们总需要吃点海鲜、牛排，补充一些高蛋白。同样的道理，阅读的时候，也不能把主食阅读当成阅读的全部。

综上，这就是主食阅读的陷阱，我们不能只吃主食。只吃主食，只能说是勉强活着，但谈不上健康，既容易导致营养不良，又无益于发展美食家的品位。

字数：1790，用时：____分____秒，阅读速度：____字/分钟

不要回看文章，判断下列陈述是正确（√）、错误（✕），还是未提及（〇）。

_____ 1. "主食阅读"是指我们必不可少的、满足生存需求的阅读。

_____ 2. 在阅读的饮食里，主食、美食、蔬果和甜食的分类就像现实中的饮食一样，十分客观和明晰。

_____ 3. 在区分好属于自己的阅读饮食分类后，最重要的是"维持均衡"。

_____ 4. 主食阅读即帮助解决现实问题的阅读，对有学业、职业、专业压力的人而言特别需要。

_____ 5. 帮助解决问题的主食阅读其实是有陷阱的，其中之一就是容易让人意识不到仅有主食的不足。

_____ 6. 大多数在互联网领域风靡一时的书，往往具有长期价值，多年以后仍然具有阅读意义。

_____ 7. 对于主食阅读和美食阅读，很难有明确的界定，因为二者对于阅读者所产生的影响区别并不明显。

_____ 8. 就像只吃淀粉容易饿一样，只看主食类书籍，会使得一个人难以具备良好的阅读品位。

_____ 9. 就像对甜点的选择和考究一样，美食阅读的品位主要看一个人的甜点阅读都是在看什么书。

_____ 10. 教科书、职场技能提升书、理财书、如何与家人相处书、如何与同事相处书、如何面对人生书……都可以归为特定人群的主食书籍。

📖 阅读练习 ||

眼动的理论"E-Z 读者模型 9"

在我们阅读时，从眼睛看到文字的图像信息，到大脑识别出含义，并命令眼睛转向下一个确定的位置，这中间大脑里发生了什么，是科学家们一直在研究的问题。为了解决这个问题，科学家依据各种实测数据，提出了多种理论模型，我们下面就简单介绍一种模型，通过这个模型我们可以更好地理解阅读的过程，也有助于后面的阅读训练。

这个模型称为"E-Z 读者模型 9"（E-Z Reader Model 9），于 2006 年由心理学家 Pollatsek、Reichle 和 Rayner 提出。这个模型，把人的阅读过程分成认知系统（cognitive systems）和眼动系统（oculomotor system）两部分，如图 3-5 所示。

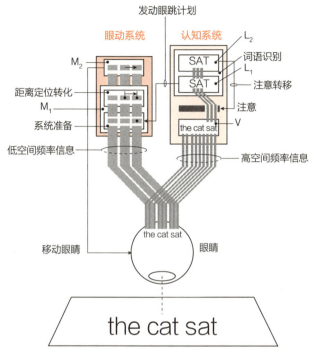

图 3-5 E-Z 读者模型 9 示意图

在本模型中,从眼睛输入两类信息,一种是"高空间频率信息",也就是我们说的精确视觉信息,是视网膜中央凹附近产生的精度较高的视觉信息;另一种是"低空间频率信息",也就是中央凹之外的部分产生的精度较低的轮廓信息,比如空格、换行、标点、黑体等信息,这些信息虽然无法用于理解精确的语义,但对于眼跳时确定下次眼跳的位置是有用的。

在本模型中阅读过程分为如下几个阶段:

1. 视觉加工阶段(图 3-5 中的"V")。本阶段从眼睛移动到一个新的注视点开始。首先,视网膜上产生出未加工的视觉信息,信息还没有整合。

2. 单词加工阶段。E-Z 读者模型9假设该阶段包含两个子阶段——L_1（熟悉性验证）和 L_2（词汇通达）。在熟悉性验证（L_1）阶段，主要是识别单词，即刻进行整词辨认，并判断出单词是否已经接近词汇通达（也就是对词汇的理解）。如果已接近，则通知眼动系统，开始计划下一次眼跳。在词汇通达（L_2）阶段，主要是识别单词的语音和语义信息。如果完成识别，则触发"注意"转换到下一个单词。本模型的独特之处就在于区分了 L_1、L_2 这两个阶段，即触发"注意"转移到下一单词是在 L_2 阶段，而通知到下一单词的眼跳计划是在 L_1 阶段，也就是说，在完成对含义的理解之前，眼跳已经在计划当中了，而不是等到完成理解之后才开始计划眼跳。这样构建模型，主要是因为科学家发现，在阅读常见词汇时，我们的眼跳会比较快，需要在词汇通达（L_2）阶段前就开始准备眼跳的计划，而在阅读比较难、生疏的词汇时，我们的眼跳需要等待更长的时间。

3. 眼动控制。本模型将眼跳计划分成两个阶段：M_1（眼跳计划的不稳定阶段）和 M_2（眼跳计划的稳定阶段）。假设当前正在看的词为 n，其后的第一个词为 $n+1$，第二个词为 $n+2$。在 M_1 完成之前，对词 $n+1$ 的眼跳计划处于不稳定阶段，若在此阶段产生了对词 $n+2$ 的眼跳信号，则之前对词 $n+1$ 的眼跳计划可能被取消，使词 $n+1$ 被跳读；但在 M_1 阶段完成之后，则眼跳计划将难以取消，并且会在 M_2 阶段完成后实行眼跳，会先注视词 $n+1$，再注视 $n+2$。这个设定能够解释跳读现象。

当然阅读过程是非常复杂的，科学家仍然在不断地研究，本模型也只是对真实阅读过程的一个简化模拟。

字数：1173，用时：____分____秒，阅读速度：____字/分钟本文难度较高，阅读内容不是很好理解，且有配图，速度稍慢属于正常情况。

不要回看文章，判断下列陈述是正确（√）、错误（×），还是未提及（〇）。

_____ 1. 科学家针对阅读时的眼动，提出了很多种理论模型。
_____ 2. 在本模型中，模糊的"低空间频率信息"是无用的。
_____ 3. 视网膜产生的视觉信息传到大脑需要一定时间。
_____ 4. 在本模型中，眼跳计划不会在完成理解前开始准备。
_____ 5. 本模型可以解释"跳读"这一现象。
_____ 6. 对于难度较高、较为生疏的词汇，阅读时的眼跳特征与阅读常见词汇时不同。
_____ 7. 本模型中，单词加工阶段又分为先发生的 L_1（词汇通达）和后发生的 L_2（熟悉性验证）两个阶段。
_____ 8. 本模型中，眼动控制阶段，分为 M_1（眼跳计划的不稳定阶段）、M_2（眼跳计划的稳定阶段）两个阶段。

3.2.8 每行三次眼跳节奏训练

下面的练习，最早出现在1956年保罗·利迪的《助成年人提高阅读能力》一书，它可以帮我们建立有效眼部运动节奏。在这个练习里，你会看到每行文字都被分成三部分：行首几个字、中间几个字、行尾几个字。这实际是在帮助你训练前面讲过的行内的眼跳节奏。如果你能掌握这个练习的节奏，就会很容易把整个节奏迁移到其他阅读材料上。需要注意的是，为了充分利用左侧的视距，我们每次眼跳的注视焦点不是第一个字，而是这几个字的中间位置，努力做到一眼看完这几个字。你可以连续看这段文字两遍，第一次阅读帮你做下眼部肌肉伸展，第二次阅读，阅读速度会更快。做这个练习的时候，可以计时，你可以尝试每次控制在 15～40 秒完成阅读。做完这个练习之后，每天有时间可以做两次，直到你自己在阅读中可以下意识地采用这种节奏为止。

阅读练习 ||

每行三次眼跳节奏

本练习 的目的 是训练
帮助眼睛 左右移动的 小肌肉群。
不正确的 阅读习惯 时常导致
这些肌肉 既不规律 又低效
地运动。 试着让 你的眼睛
按照 每行移动三次的 节奏运动。
试着感受 使眼睛移动的 六块
小肌肉 的轻微拉动。 你会注意到，
有些短语 很短， 其他的更长些。
这是 有意安排的。 不同的人
看到的 每行宽度 并不相同。
在这个 练习中， 试着将
一眼看到的 所有字词 看作一个组合。
眼睛注视 每个字词组合 的中间点。
有时 你会感到 你的视野范围
似乎 拉宽了。 那就太好了！
也有时 短语 太短了。
我们需要追求 越来越宽 的字词组合。
这样 你的眼睛就会 一次性
捕捉到 越来越多的 信息。
试着连续几天 每天 阅读这个练习

两三遍。	每次	阅读时
记录下	你花费的	时间。
你很快	就会掌握	这个要领。
当你看	每个短语时，	不要让
眼睛	"滑过"	或者"掠过"，
而是看	短语的中间部分。	有力地、
迅速地瞥一眼。	一次看全了。	只看一眼，
然后继续往下看，	再往下，	一直这样，
直到练习的	末尾。	现在，
你花了	多长	时间
来阅读这一段？	把时间	记录下来。

练习时间：_____月_____日，用时_____秒

练习时间：_____月_____日，用时_____秒

练习时间：_____月_____日，用时_____秒

练习时间：_____月_____日，用时_____秒

3.2.9 闪词练习：一眼看清一个意群

下面我们做一个称为"闪词"的练习，其目的在于快速浏览每个短语，将其看作一个整体来阅读。它还会帮助你提高阅读时的反应速度，你还可以测试一下自己可以用多快的速度识别出一个词或短语。

手里拿好一张卡片，没有的话用手掌遮挡也可以。

1) 先遮住左边的一列，眼睛不要去看右边的一列，注意力集中在左边一列。

2) 用最快的速度将卡片或手下移一行，露出第一个词或短语，然后迅速盖住这个词或短语。

3）回想刚才看到了什么，然后将卡片或手下移一行，确认自己是否看清了内容。

4）如此重复，每次只露出一个词或短语。做完左边做右边。

5）你可以逐渐缩短词或短语露出的时间，来测试一下自己的识别力极限。

6）在每列短语最下面，请记录每次回答正确的短语数目。

有的时候，你识别出了词或短语的整体意思和大多数字，但看错了一个字，这也没关系，如果不影响理解整体含义也算正确，因为本练习的目的是将短语看作一个整体来阅读。你可以重复这个练习，时不时回顾一下这个练习来重新检测自己的技能，但最好请别人帮你换一组词。

阅读练习 ||

闪 词

第一列	第二列
成功故事	经贸合作问题
制成品	支撑结构
航空母舰	远程办公者
失控	好于以往
人文交流	向目标迈进
如他们所言	她的紫色衣服
大宗商品贸易	完成安装工作
另外一个	医务人员
免费信息	如水晶般纯净
偶然性	六个月之前

永永远远	抵抗运动
已经被证实	实现梦想
尽管如此	参加派对
毫无疑问	备用轮胎
前前后后	与此同时
快速挥动手臂	不厌其烦
音乐剧	免费信息
越来越多	奇怪的问题
大清早	与我无关
大脑的窗户	涌入大量的信息
死神	植物学博士
我们的生活方式	添加到任务清单

回答正确的数量：_____/20

在生活中，你也可以随时做这个练习，就是用最快的速度扫一眼任意文字，然后移开视线，回想看到了什么。比如案头一本书的名字、前面一辆车的车牌、电话号码、快递取件码、路边的一个广告牌等。

3.2.10　快速阅读的"不读"策略：略读、跳读、扫读

面对不同类型的阅读内容时，我们会根据不同的阅读目的，来选择不同的阅读策略。并非所有的文字，我们都需要投入相同的精力去阅读，很多内容我们可以主动选择不读。下面我们就来讨论三种"不读"策略——略读、跳读、扫读。

1. 略读

> 如果某些内容，对你来说只要观其大略即可，那就可以选择"略读"，也就是有选择地阅读一篇文章、一个段落中的重点内容，而不是通读全文。有时候，一本书中的某些次要段落、章节，也可以用这个方法。如果阅读的目的是如下几种，可以选择略读：
>
> - 从大量材料中找出中心思想。
> - 看看某段是否可以跳过不读。
> - 找到需要细读的材料。
> - 通读全文不求甚解，只求梗概，观其大略。

略读时，通常文章的首段要较为精细地阅读，因为大多数的文章属于总分结构，首段包含了文章的概述、主旨、结论。有时候作者会把第一段作为引子，真正的概述在第二段，这时候就有必要重点阅读第二段。

第三段之后，通常不必全部阅读，每段只看段首句即可。如果感觉阅读首句后，信息还不够，可以多看一句，然后眼睛快速向下扫视该段的其他部分，搜索任何与阅读目的相关的细节。如果首句和这些细节都不足以概括该段的内容，那么，可以读一下段落的最后一句。有一些段落只是重复作者的观点，有的段落是对前面观点的举例、论述，相对价值较低。

略读的价值，是让我们快速获得作者的主要观点。我们平时看的大多数的新闻文章、公众号推文，都可以用略读的方式来读。只有那些有深度、有见解的文章才值得细读。

阅读练习 ||

略 读

下面的练习，是一个模拟的略读，文中用×表示文章中的主题内容，汉字表示略读时需要注意阅读的部分，其作用主要是帮你找到略读的感觉。

略读时通常以正常速度读完首段，因为它通常包含核心观点或全文的结论。××××××××××××××××××××××。

如果第一段只是引子，那么第二段可能会包含概论或概述。×××××××××××，××××××××××××××，××××××××××××××××。

第三段之后，通常不必完整地读完，但是，×××××××一段的中心思想通常是出现在本段的起始句××××××××××。比如，这是主题句×××××××××××××××××。除了首句之外，读者应从段落的其他部分获得一些信息，但不必了解一些细节×××××××××一些名字×××××××××一些日期××××××，根据自己的阅读目的来判断是否对自己有意义××××××，××××××××××××××××××××××××。

一些段落仅仅是重复作者的观点，比如这段××××××××××××××××××，××。

××××××××××××××××××××××××××××××。××××××××××××××××××××偶尔一段的中心思想在起始句中找不到，

那么只能读整个段。××××××××××，××××××××××。
××××××××××××，此时可能中心思想是位于段落的中间或结
尾处。

如果在一段花了太多时间，那么接下去的略读，可以略去更多，
来弥补时间。×××××××××××××××××××××××
××××××××××××××××××记住要保持一个非常
快的速度，不能低于每分钟1000字，还可以更快××××××××
××××××××××××××××××××不用担心每段有
一半以上的内容没读，××××××××××××××××××
×××××××略读时理解率低是必然的。

××××××××××××××××××××××××××
××××××××××××××××××××××50%，也不太
低。

或许从后面几段得不到任何信息××××××××××××××
××不用担心×××××略读有许多用处×××××，报告、新闻、杂志
都可以用略读。××××××××××文章结尾的段落要认真读，往
往是总结。记住：略读的意义只是快速获得作者的主要观点。

2. 跳读

> 跳读也是一种选择性的主动阅读，它的关键在于判断是不是要跳过某部分文字。如果我们评估，一段内容属于以下几种情况，可以直接跳过，节省时间。
>
> 1）重复的信息，没有新的有价值的信息。
> 2）我们已知的信息。
> 3）我们不感兴趣、不关心、不需要的信息。
> 4）难度超过我们的理解范围，努力阅读之后，仍然无法理解的信息。

前面三点我们比较容易掌握，但第四点需要稍作解释。如果我们已经努力阅读了一段内容，但还是看不懂，这时候，再看一遍内容，大概率还是看不懂，因为无法理解的最重要原因，很可能是我们当下还不具备理解这些内容所需要的基础知识，无论在这段文本上花多少精力都是无法改变这一点的。此时还不如跳过这一段，先把后面能看懂的部分看完。因为多数情况下，某一部分内容没有理解，并不影响我们对书中其他部分的理解。而且书中的其他部分，大概率包含了与这部分内容相关的信息，这些信息对我们理解这部分会有辅助、支持的作用，等我们读过这些内容之后，再返回来理解这部分难度较高的信息，就相对容易了。当然，如果一本书里面，多数内容我们都理解困难，那说明我们的知识基础还不足以理解这本书，应该放弃这本书，换一本更简单、更基础的书来读。

3. 扫读

与略读相反，扫读是为了在大量的阅读材料中，寻找特定的细节信息。比如从索引里找到某个词，从新闻里找到某个关键字，从说明书里查找某个功能的具体用法等。

我们在打开各种新闻或社区类 App 的时候，对它们的首页往往采取扫读的策略，快速浏览标题，寻找感兴趣的内容点进去，大多数内容我们并不感兴趣，只是看到然后跳过。扫读时，理解不是 100%，就是 0%。

> 你可能一直都在使用扫读这个技巧，但没有意识到。做扫读时，窍门是充分利用自己的视距，阅读手机屏幕文字上的窄视距阅读材料时，可以把视觉焦点放在中间偏左一点点，尽量做到一眼看完一行。对于书那样的宽视距阅读材料，争取 3 次眼跳看完一行。有的内容排版是文字左右分栏排列，中间是空白，此时甚至可以把视觉焦点放在中间的空白，充分利用视距同时看左右两边的文字。

3.2.11　反向扫视引导法

我们在做单行引导法练习时，会感觉每次在换行时，眼睛要离开文字，跳跃整个页面的宽度，还要重新定位到下一行的开头，这个时段实际是没有任何信息输入的，这会降低我们的阅读效率。使用反向扫视引导法，可以避免这种浪费。所谓反向扫视，也就是"倒着"阅读。做法如下：

按正常方法，正向阅读第一行，读到第一行行尾时，直接向下移动视线，到下一行结尾，然后沿着反向，从右向左用眼跳的方式移动视线，靠大脑的排列组合能力，拼出含义。当视线移到第二行行首之后，同样迅速向下移动视觉焦点到第三行行首，然后正向阅读第三行，如此反复，眼睛的移动路线像在页面上连续画"弓"字。

这听起来让人感觉难以接受，实际上我们做正向阅读的时候，读到一个词，也不是立即就能产生理解，而是要结合前后语境，几个词都进入大脑的工作记忆之后，形成一个统一的意义，然后开始下一次输入。所以在5～6个词的范围内，反向输入词汇，在大脑中重新排列理解，是完全可能的。

下面是本书中最后一个视觉阅读练习，加油。

📖 阅读练习

阅读速度的生理极限

我们在3.1.4小节中描述过一个使用眼动跟踪仪，把被试视距之外的字符都变成字母X，但被试无法发现的实验。通过这个实验，科学家向我们证明，人类只能对视觉输入信息中的一小部分进行有意识的处理。这个实验是在英文环境下做的，经过科学家测量，如果电脑程序在被试注视点的左侧留下4个字母，右侧留下15个字母，被试的阅读速度将不会受到影响。这也就是说，我们每次只能从书页上提取很少的信息。

根据此实验，英文阅读者一次眼跳最多可以输入20个字母，在这个区域以外，我们基本上识别不出单词，而只能感知到有无空格、标点。空格、标点可以为我们提供关于词、句长度的线索，从而帮助我们做好眼跳的准备。对于中文这样字符密度较大的文字来说，眼跳的距离更短，但相同数量的字符，中文表达的含义要比英文丰富很多，所以大体上中文与英文的阅读效率是相当的。

利用同样的方法，我们还可以估计出识别与编码每个单词所需要的时间。科学家利用电脑程序，让屏幕上的所有字母（包括投影在视网膜中央凹的字母）在一定时间后变成"x"。通过这样的实验，科学家发现呈现时间为50毫秒时，我们的阅读速度还可以基本保持正常。这也就是说，我们一次注视的时间不可能短于50毫秒，但这只是视觉信息获取所用的极限时间，在单词呈现之后，还需要一系列的思维过程对其持续加工。目前科学家测量的一般结果显示，我们每次眼跳的停留时长大概是0.25秒。而阅读就是先对一系列字词"抓拍"，然后通过思维，把这些字词重新组合起来的过程。

眼跳速度是限制阅读速度提高的瓶颈，但如果我们通过屏幕，逐字逐词地呈现一句话，让每一个单词都精确地落在目光中心，也就意味着不需要眼动，此时，熟练的英文阅读者可以以惊人的速度阅读——平均每分钟1100个单词，而最优秀的阅读者甚至可以达到每分钟1600个单词，差不多每个单词只需40毫秒，这是正常阅读者阅读速度的3~4倍！这种方法称为快速序列视觉呈现法（Rapid

Sequential Visual Presentation，RSVP）。而且使用这种方法时，阅读者对单词的识别与理解还是让人满意的。

字数：873，用时：____分____秒，阅读速度：____字/分钟

不要回看文章，判断下列陈述是正确（√）、错误（×），还是未提及（〇）。

_____ 1. 英文阅读者，在注视焦点左侧能看清的字符数量少于右侧。
_____ 2. 中文阅读的眼跳距离相对英文更长，所以中文阅读的效率比英文高。
_____ 3. 空格、标点等在眼跳时，没有意义。
_____ 4. 要想达到阅读理解的目的，我们一次注视的时间不可能短于 50 毫秒。
_____ 5. 我们每次眼跳的停留时长大概是 0.25 秒。
_____ 6. 阅读速度超过每分钟 3000 字，是不可能的。
_____ 7. 使用 RSVP 方法时，眼睛注视焦点不变，让文字逐字逐词地呈现在屏幕上的视觉焦点上。
_____ 8. 使用 RSVP 方法，可以成倍地大幅提升阅读速度。

在视线引导的方法上，还有很多其他方法，比如每次向下移动两行的双行扫视法，视觉焦点在页面上沿"S"形移动的方法、沿"之"字形移动的方法等。这些方法练习的难度相对较大，对于普通读者来说，实用性不强，所以本书不再赘述，有兴趣的读者可以参考本书最后参考文献中列出的关于快速阅读的书籍。

3.2.12 在电子设备上快速阅读的技巧

在 3.2.1～3.2.11 小节，我们主要讨论了快速阅读纸质书的技

巧，但在今天这个电子设备随时不离身的时代，无论是书还是文章，我们都可以在屏幕上阅读。据统计，我们每天用于阅读屏幕上文字的时间，远超过阅读纸质书的时间，所以，提高屏幕阅读的效率，对我们会有很大的价值。下面我们就来讨论在电子设备上阅读时，提高阅读效率的一些技巧。

1. 调大阅读类 App 的字号

我们先来讨论在手机上使用阅读类 App 读书的方法。首先，建议在阅读类 App 中把字号调大，请先参考图 3-6，这是我日常阅读使用的手机的屏幕截屏，字号已经调大到每行只有 10 个字左右。

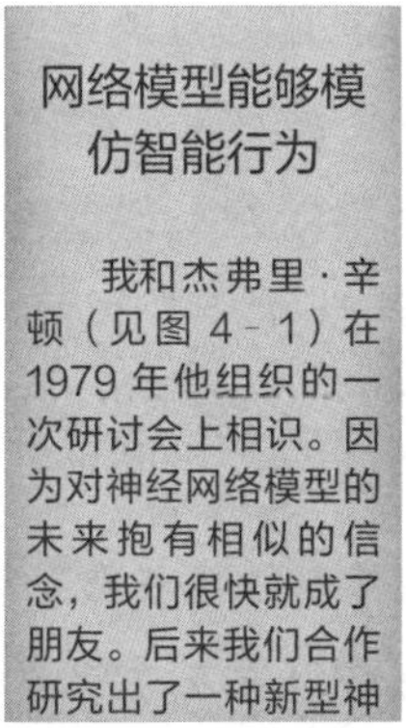

图 3-6 将阅读类 App 设置为超大字号

为什么这样设置呢？首先，前面讲过"视距"原理，我们一眼能够看清的字数是有限的，我们看纸质书的时候，必须不断移动注视焦点，从左到右，然后从上到下，不断做"之"字形运动。纸面上的字号大小没法变，但屏幕上的字号大小是可调的。如果我们把字号调大，一行刚好设置到一眼能读完的宽度，就可以把眼睛的移动线路，从"之"字形变成垂直向下的直线，这样我们注视焦点移动的距离就变短了，在眼睛移动的速度不变的情况下，我们的阅读速度自然就会有所提高。

其次，在手机上阅读时，我们往往不是固定地坐定在某个位置，而是处于走路、坐车等不安定的场景，此时小字号会加速眼睛的疲劳，不利于长期阅读，也不利于保护视力。而大字号识别起来更容易，对减缓眼部疲劳、保护视力有利。当然，字也不是越大越好，太大的字会超出视网膜中央凹能涵盖的范围，反而看起来更慢，所以把字体宽度设置到自己一眼正好可以看完一行的大小，是最为合适的。

我们通过3.1.4小节的阅读练习"视距金字塔"测试过了自己的视距，可能有的人会以那个测试结果为标准来设置单行字数，但请注意，我们能够看清的视距通常比能够迅速阅读的视距要宽，因为真正阅读时，并不是看清就能理解，还需要加上大脑处理信息的时间。所以在设定字号大小时，没有必要把单行字数按照3.1.4小节测出的极限字数那样设定，字数要少一些，给自己的大脑留下处理信息的余量。

在手机上阅读电子书时，高效的阅读方法是下面这样的：

1）把字号调大，直到你可以比较舒服地一眼看完一行。
2）眼睛注视焦点放在中间偏左的位置，因为我们汉字是从左向右书写的，这个习惯造成我们阅读时右侧视野比左侧视野宽。
3）注视焦点从上向下移动，每行暂停一次阅读，然后继续。
4）行间距可以适当调小一点，这样可以减少翻页次数。

2. 让阅读类 App 自动翻页

字号调大之后，带来了一个不方便的地方——翻页次数变多，好在多数情况下电子阅读的翻页只需要滑动一下手指就可以，效率比纸质书高得多。但频繁地翻页，还是会影响效率，所以很多阅读类 App 都很贴心地增加了自动阅读或自动翻页功能。启动这个功能之后，屏幕上会有一条线从顶到底逐渐滑落下来,这条线的下面,是当前页的内容,线的上面是下一页的内容。你的视线可以在这条线下,被这条线推着从上向下移动,当这条线滑落到页面底部时,下一页就自动完整地显示在你的面前,此时移动线会回到屏幕顶部,开始下一轮循环,你的眼睛也跟着这条线一起开始读下一页。

下面举例,如何让当当云阅读 App 自动翻页。打开当当云阅读 App,导入一本电子书,轻按屏幕,再按"设置"按钮,在如图 3-7 所示的界面中,点击"自动阅读"按钮,启动后的效果如图 3-8 所示。

图 3-7　在当当云阅读 App 中　　图 3-8　移动线的效果
　　启动"自动阅读"功能

自动阅读功能带来了两个好处。首先,避免了频繁翻页的麻烦;其次,我们可以通过调整移动线下滑的速度,来控制阅读速度。这条线的作用,其实和我们在 3.2.1 小节介绍的卡片法是相同的。它也可以用来辅助进行消除回读和减少默读的训练,你可以把自动翻页的速度调整到刚好抑制你默读的水平,然后持续练习,适应了之后再调快一点继续练习，这样就可以逐渐提高自己的阅读速度。

3. 调大微信公众号文章的字号

了解了上面的方法，有人可能会想，在看微信公众号或者其他 App 里的文章时，是否也应该把字号调大呢？可以，但不应该调到看书的时候这么大，因为，电子书的阅读可以用翻页的方法一次切换整个屏幕，但看文章只能上下滚屏，而滚屏滚到什么位置，是很难精确把握的，这样滚屏操作就比翻页操作慢很多。如果在这种场景下用超大字号，滚屏的次数就会比原来增加几倍，这反而不利于快速阅读。以微信公众号为例，把字号调到"大"而不是"特大"，是更好的选择。如果读者想用电子书翻页那样的方式看文章，可以用如 Pocket 之类的稍后阅读类 App，把文章转发到这些 App 里，读的时候选择"翻页阅读模式"即可。但使用稍后阅读类 App，需要先从微信转发，再打开 App，再等待加载……，过程操作略显麻烦。此时需要我们来判断，是否有必要来做这个操作。通常长度较长、内容较为重要的文章，值得这样操作；长度较短、内容较为不重要的文章，直接阅读的效率更高。

4. 使用其他电子设备阅读

有些人可能喜欢使用 iPad 阅读，在 iPad 上也可以使用如当当云阅读这样的 App，用法和在手机上一样。但 iPad 屏幕的长宽比与手机相比有很大不同，如果把一行调整到只有 10 个字，那么屏幕上就显示不下几行文字，反而会降低阅读速度。如果是看 PDF 格式的电子书，在 iPad 上阅读相对于在手机上阅读会更方便，因为 PDF 格式通常是按照较大的幅面排版，在手机上阅读 PDF 格式的电子书，要么字号太小不便阅读，要么排版错乱问题比较多。

有的人喜欢使用Kindle等电子墨水屏阅读器，但Kindle最大的问题是电子墨水屏幕的响应速度慢，做勾画批注非常吃力，这会严重影响阅读效率。所以对于需要做大量勾画批注的书，不建议使用Kindle；当然小说之类不用做太多勾画批注的书，用Kindle来读还是适合的。另外，Kindle有较为严密的版权保护机制，导出笔记时有最多不超过原文10%的上限，对于一些勾画密度高的书，无法顺利导出笔记，也会让读者感到不便。

现在市场上还有一些支持手写勾画功能的电子墨水屏阅读器，如小米生态链下的"墨案"阅读器。这种产品有电子墨水屏视觉效果好的优点，并且克服了Kindle不便勾画批注的缺点，有兴趣的读者可以尝试。

3.2.13　小结

本节我们介绍了视觉快速阅读的各种训练方法，包括：

① 用于消除随机回读的卡片法；② 最基础的单行引导法；③ 关键词阅读法；④ 意群阅读法；⑤ 左右手垂直引导法；⑥ 略读法；⑦ 跳读法；⑧ 扫读法；⑨ 反向扫视引导法。

另外，我们还介绍了节拍器这个辅助训练的工具，闪词和每行三次眼跳练习，以及几个有助于抑制默读的方法。最后我们讨论了使用电子设备高效阅读电子书和文章的技巧。

要说明的是，本节只是介绍了训练的方法，要将这些方法从"知道"转变为自己的"肌肉记忆"，需要经常进行有意识的"刻意练习"。所以，建议读者在阅读完本书之后，仍然能在未来一段时间内，坚持每天使用这些技巧进行阅读，至少坚持2周的时间。

3.3 练习答案

3.1.1 阅读练习 眼睛：糟糕的扫描仪
1. √, 2. ×, 3. √, 4. ×, 5. ×,
6. ×, 7. ○, 8. ×, 9. √, 10. ○

3.2.1 阅读练习 走出舒适区
1. √, 2. ×, 3. ×, 4. ○, 5. √,
6. √, 7. √, 8. ○, 9. ×, 10. √

3.2.3 阅读练习 长期的音乐训练如何改变大脑
1. ×, 2. ×, 3. √, 4. ×, 5. √,
6. √, 7. ○, 8. √, 9. ○, 10. √

3.2.7 阅读练习 以饮食比喻读书
1. √, 2. ×, 3. √, 4. √, 5. √,
6. ×, 7. ×, 8. √, 9. ○, 10. √

3.2.7 阅读练习 眼动的理论"E-Z 读者模型 9"
1. √, 2. ×, 3. ○, 4. ×, 5. √,
6. √, 7. ×, 8. √

3.2.11 阅读练习 阅读速度的生理极限
1. √, 2. ×, 3. ×, 4. √, 5. √,
6. ○, 7. √, 8. √

第 4 章 听觉速读与通读策略

4.1 听觉速读

> **学前小测试**
>
> 1）用耳朵听朗读版的书，与用眼睛看书相比，有哪些优点和缺点？
> 2）真人朗读版的语音书和机器合成的语音书，哪种习得效率更高？
> 3）哪些情况下适合"听书"，哪些情况下适合"看书"？
> 4）你听说过"听觉学习者""视觉学习者"这样的划分吗？你觉得这种划分是否有意义？

前面我们已经讨论了通过训练提升自己阅读速度的方法，但要让这些方法产生效果，必须持续训练一段时间才可以。有没有不用练习，就可以立竿见影的提高阅读效率的捷径呢？有，那就是本章讨论的一个主题——听觉阅读，也就是用耳朵去听朗读出来的书中内容。

4.1.1 要听书吗？听书的价值和缺点

> 用耳朵来听书，相对于用眼睛来看书，有一个巨大的优势，那就是可以在没法看书的时间阅读，比如在走路时、做简单家务时、做跑步之类的重复性体育运动时。看书时，必须要使我们的身体处于相对固定的位置、保持特定的姿势，我们的眼睛一旦被书籍占据，就没有足够的注意力去做其他的事情。但是听书的要求就宽松得多，无论身体处于什么姿势、什么状态，只要大脑处于相对空闲状态，都可以听书。

用听书的方法，可以让我们在不压缩正常的工作、休闲、娱乐、社交时间的情况下，凭空为我们每天增加大量的阅读时间，此收益实在是巨大，无论如何都不能放弃。比如在大城市，通常每天上班通勤花费 1 小时，下班又要花 1 小时，这 2 小时的时间，通常是花在打游戏、追剧、刷新闻、闲聊之类的事情上，如果用来做学习类阅读，那么每天就会多出 2 小时的学习时间。如果算上洗脸、刷牙、做家务之类的其他零碎时间，每天多出来少则半小时、多则 1 小时的阅读时间。

新闻联播的标准语速是 305 字/分钟，我们听懂这个语速的朗读是毫无压力的。用这个速度计算，每天听 2.5 小时，也有 45 750 字的阅读量，一周 5 个工作日，就是约 22.9 万字。大多数的书，字数为 10 万~20 万字，这也就是说，我们不需要任何额外的时间投入，只要我们自己愿意，就可以轻易做到一周阅读一、两本书。

此外，前面提到，我们要把视觉阅读的速度从普通人的 400 字/分钟提升到 1000 字/分钟以上，是需要经过一段时间的训练的。而听书这个方法，不需要经过任何训练，就可以有上面计算的如此大的收益。

所以，只要使用听书的方法，就可以在不占据我们人生必要时间的情况下，凭空多出大量的学习时间。这对于忙碌的职场人来说，无异于"天上掉馅饼"，所以，如果读者真的想学习，无论如何都请试试这一方法。

进一步，如果读者按照本书提出的方法练习听书，将速度提升到每分钟听懂 1000 字以上，那么每天 3 小时的听书时间，就是 18 万字的阅读量，也就是每天可以听一本书，这个收益是非常可观的。

听书相对于看书也有其缺点，首先，无法做勾画批注，这是听书最大的缺点，因为声音不是文字，不便于做记号和记录，也就不利于我们做复习、记忆。但这个最大的缺点并非不可规避，我们会在后文中介绍解决办法。

其次，如果我们已经掌握了视觉快速阅读的技巧，那么我们看书的速度会高于听书速度。而且，听书的时候，我们既无法灵活地做跳读、略读，又不方便随时根据阅读内容，精确地调整阅读速度，这都会影响阅读效率。

最后，一些信息，只能通过视觉传达，或者通过视觉输入比通过听觉输入这类信息效率高很多。比如，图片、表格、图示等，都无法通过语音来有效表达。

4.1.2　听书与看书的选择和结合

4.1.1 小节中对比了听书与看书的优缺点，总结出听书的最大好处，是可以把无法用于看书的时间利用起来，但在相对稳定的环境下，看书效率更高，阅读速度更快，理解力更强。有的人可能会问，到底是选择听书还是看书呢？答案是，两种方法结合起来效率最高。

> 对同一本书，我们可以先听再看，也可以有的部分听，有的部分看，方便听的时候就听，方便看的时候就看。比如，假设我们需要尽快深度阅读一本书，但没有太多的时间坐下来仔细阅读，就可以在步行上班的途中先开始听，走到车站，站定或者坐定之后，再把刚才听过的内容重新看一遍。这样看的时候，效率会更高，因为看之前已经预先了解了一遍内容，可以放心地使用跳读、略读技巧。有时候我们劳累了一天，眼睛比较疲劳，看书效率会比较低，此时听书则更为适宜。

听书不需要专门找时间单独来做，可以和其他不太需要耗费大脑认知资源的事情一起并行做，效率最高。但不同难度的书所需要的认知资源是不同的。有些书的某些段落，信息密度极大，那就不适合听。有些场景，我们需要调动的认知资源也比较多，能分出来听书的认知资源较少，这些场景下并不适合听书，比如开车的时候。但有了听书这个不占据眼睛和手的办法，我们还是可以大幅提高自己的时间利用率，读者可以自己在生活中去发现可以用来听书的场景。

4.1.3　关于"听觉学习者"和"视觉学习者"

有些人可能听说过"学习类型"的说法，此理论把人群分为"视觉学习者""听觉学习者""触觉学习者"，学习的时候采用适合自己的输入方式效果会更好。有人认为自己是视觉学习者，听书学习效果不好。但实际上，这种理论只是针对"学习风格"的一种理论模型，同类的模型数不胜数。比如一种叫作 VARK 的模型，就把学习风格分成 18 种维度。为了弄清楚这些"学习风格"理论到底是否真的有效，心理学家曾经做过调查。

2008 年，认知心理学家哈罗德·帕什勒、马克·麦克丹尼尔、道格·罗勒和鲍勃·比约克受命进行一项调查，判断以上说法是否有科学证据支持。他们先按照学习风格对学生进行分组（如视觉学习者一组、听觉学习者一组），然后把他们随机分配到一些班级。教师在课堂上要讲授相同的内容，但授课方式各不相同，有的更适合"视觉学习者"，有的更适合"听觉学习者"。最后，所有学生都要接受相同的测验。如果授课方式符合学习者的学习风格，学习者的收效会大于不符合其学习风格的收效吗？研究的结果发现并不存在这样的证据。

> 市面上有不少讲学习方法的书把人区分成听觉学习者、视觉学习者、触觉学习者，认为不同类的人应该采用不同的学习方法。从上面的实验结论来看，这种区分的价值不大。读者也不必考虑这种区分。同一个学习材料，同时调动自己的多种感官来学习，可能是更好的学习方法！

既然排除了自己是否适合用听书方式学习的顾虑，那么接下来一起学习听书的技巧吧！

4.1.4 真人朗读与语音合成

> 说到听觉阅读，读者可能第一反应是"听有声书"，也就是由真人朗读的书。但我并不推荐读者听此类有声书，我推荐的"听觉阅读"指的是听阅读类 App 通过 语音合成 的方式朗读出来的书中的文字内容，目前很多阅读类 App 都支持这一功能。

有人可能会问，语音合成的声音听起来非常生硬，真人朗读版不是听着更舒服吗？为什么不听真人朗读，去听机器合成的语音呢？那是因为语音合成的声音虽然生硬，但其在语义理解上的损失可以忽略不计，读者在理解语义层面不存在障碍，同时，语音合成与真人朗读相比从学习效率的角度上看有几个压倒性的优势。

首先，真人朗读版不利于知识的记忆和吸收、使用。语音合成可以做到播放时屏幕上的文字和语音一一对应，这样读者遇到重点内容时，可以随时暂停播放，勾画批注。而真人朗读版完全无法做到这一点，读者听到很有价值的内容时，要想勾画批注或做一点笔记，操作成本非常高，以至于绝大多数的人会放弃做勾画批注。而我们知道，除了休闲类阅读之外，凡是学习型阅读，如果不做勾画批注，阅读之后，大脑中很难留下清晰、持久的记忆，也就无法真正吸收知识，更无法使用这些知识。这就造成真人朗读只适用于娱乐、休闲等阅读场景。而对于我们个人成长最有效的深度阅读、学习类的阅读，听真人朗读会损失绝大部分的学习效果，而用机器语音合成则可以规避这一问题。

其次，真人朗读版的内容丰富度远远低于语音合成方式。目前的出版物，大多都已经有了电子版，而电子书只要不是由扫描出来的图片制作成，都可以用语音合成来朗读。目前电子书阅读基本可以涵盖大多数的阅读需求。但真人朗读版由于其制作、发行成本更高，相对来说，可选范围非常有限。也就是说，我们最想阅读的书，很可能其真人朗读版还没有制作出来。更何况有些 FM 类 App 上的朗读版内容往往是网友自发录制的，已涉嫌侵权，而且朗读者水平参差不齐，不少内容的听觉效果并不好。

最后，真人朗读的语速远远低于语音合成，信息输入效率低下。我们已经知道，新闻联播的语速大概是 305 字/分钟，通常来说，有声书的朗读语速会低于这个语速，此速度比未经任何训练的普通人的基础默读速度还慢，更不要说追求阅读效率的读者了。而用 App 合成语音，可以把朗读语速调到 1 000 字/分钟以上，并且仍然能保证听者的理解力。有人说，真人朗读版电子书的 App 都有调整播放速度的功能，可以用 3 倍速播放。但即使是 3 倍速，也低于合成语音的速度，而且经过调速之后的真人语音，人耳对其识别会更难，会感觉前字和后字之间的声音有混淆。这是因为我们说话的时候，通常是第一个音没有发完，就开始发第二个音，这也是我们听真人说话时感觉语音连贯性好的原因。在正常语速下，这种连贯是优势，但在成倍调快播放速度之后，这种连贯反而降低了声音之间的区分度，不利于字词的识别。而机器合成的声音，本来就是一个字词一个字词发出来的，在超高语速朗读时，反而能更好地保持每个声音的独立性，便于识别。

综上所述，如果读者希望使用听觉阅读法，且阅读目标是学习而不是休闲，那么我强烈建议：听语音合成版，而不是真人朗读版。

4.1.5 如何使用 App 来听书

因为本部分涉及 App 的具体使用方式，所以分为安卓和 iOS 两部分分别介绍，读者可以根据自己的手机型号来分别阅读。

1. 安卓手机上的设定

（1）讯飞语记

要使用语音合成功能，多数阅读类 App 都需要科大讯飞的语音合成库支持。而且，要使用超高速阅读，必须通过讯飞语记来调整语速。下面我们来介绍此 App 的安装、配置。

先安装讯飞语记 App，各大应用市场都可以下载安装（见图 4-1）。

图 4-1 应用市场中的讯飞语记

安装好讯飞语记之后，打开，点击左上角的由三条杠组成的图标，然后选择"通用设置"，再点击"语音合成设置"，会看到多种选项。

先打开"合成系统接口"这个开关，然后打开**"全局生效"**这个开关。设置了"全局生效"后，读者的手机中所有使用讯飞语音合成库的 App，其中的合成语速都可以在讯飞语记 App 中控制。通过这一设定，我们就可以跳过一般阅读类 App 中设定的合成语速上限，挑战超高速听书了。

在系统默认发音人中，选择"王老师"，此声线的声调较高，在超高速朗读时，声调高的声线辨识度更高，所以此声线更适合超高速朗读场景。最后设置"语速和音效"，初始语速可以先设为100，从这个语速来开始练习听书。之后可以逐渐设置更高的语速，目前我常听的语速是170（见图4-2）。

图4-2 讯飞语记的"语音合成设置"

（2）当当云阅读

市面上大多数阅读类App都有听书功能，比如微信读书、爱读掌阅、多看阅读、京东读书。但我最常使用的听书App是"当当云阅读"，因为其阅读的功能比较全面，而且其安卓版有重要的优势，就是可以把合成语音的语速调到超高速（1000字/分钟以上），而其他App最多只能调到400字/分钟。下面我们就以当当云阅读App为例，具体介绍阅读类App的配置方法。

读者可以在各大应用市场自行安装当当云阅读App。需要说明的是：当当云阅读从 7.2.5 版本以后，不能再使用超高速语音合成功能，只能用普通语速播放，对于刚开始使用听书功能的读者来说，这并不重要，但如果读者想尝试超高速听书，还请下载其 7.2.4.x 版本。安装当当云阅读 7.2.4.x 版本 App 后，每次当当云或应用市场提醒你升级 App 版本时，都不要选择升级。当然，如果误操作升级了也不要紧，先卸载再重新下载安装该版本即可。

下载安装旧版 App 步骤稍为复杂，读者可以自行判断是否要安装旧版，操作如下：先在手机浏览器中访问 http://anzhi.com 这个域名，安装一个叫作"安智应用市场"的 App，再在里面搜索"当当云阅读"，找到之后点击 App 简介右下方的箭头，展开详细说明，然后在详细说明最下面，点"查看历史版本"，就可以找到 7.2.4 版本。

安装好当当云阅读 App 之后，读者可以打开导入的任意一本书，点击屏幕任意位置，都会看到屏幕右上角有个耳机图标，这是启动语音合成朗读的按钮，按这个按钮试试效果吧（见图 4-3）。

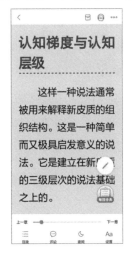

图 4-3　在当当云阅读 App 中启动语音合成朗读功能

(3) 静读天下

"静读天下" Moon + Reader Pro 这款阅读 App 在国内各大安卓应用市场上并未上架,读者可以在搜索引擎中搜索"Moon + Reader Pro"关键字,查找其 apk 安装包下载并自行安装。

使用静读天下 App 时,只要选择其语音合成引擎使用讯飞语记,就可以实现超高速朗读。静读天下 App 的功能极其强大,并且用户可以灵活定义自己的手势,阅读体验上超过了当当云阅读,是目前市面上极强大的电子书阅读 App。其基本使用方法与当当云阅读 App 类似,读者可以自行探索,这里不再赘述。

这里需要说明静读天下 App 的缺点。首先,从计算机复制电子书到 App 的过程相对麻烦。如果我们想要从计算机复制一本书到静读天下 App 中,要么需要把手机用数据线连到计算机上,要么需要先把电子书从计算机上传到网盘,然后使用这些网盘的 App 下载到手机上,最后用静读天下 App 从手机的文件目录中打开电子书。

其次,其勾画批注无法很好地导出到笔记 App。不像当当云阅读 App,静读天下 App 没有提供完善的勾画批注导出功能。默认情况下只能导出纯文本形式的勾画批注,以这种形式导出时,重点的优先级会丢失。好在其提供了导出勾画批注的数据文件的功能,但数据文件是用于计算机处理的,格式并不适合人们阅读。如果读者是程序员,可以考虑自己写一个解析数据文件的脚本来解决这个问题,否则不推荐导出在静读天下 App 中勾画批注的文件。

2. iOS 手机上的设定

苹果手机对系统权限的控制非常严格,所以在苹果手机上,用户无法像在安卓手机上那样使用"讯飞语记"来实现超高速语音合成。

但用户仍然可以使用各种阅读类 App 来听正常语速的语音合成朗读，比如用当当云阅读、爱读掌阅、微信读书、多看阅读等均可，操作简单，这里不再赘述。如果读者想了解当当云阅读 App 的使用方式，可以参考前文对于安卓上当当云阅读 App 的介绍。

苹果手机虽然不能使用超高速朗读，但有一个安卓手机不具备的强大优势，即极其便利的读屏功能。读屏是 iOS 系统自带的功能，通过"设置"开启功能后，使用这个功能时，iOS 系统会用语音合成的方式朗读出屏幕上所有文字。无论是在浏览器里还是在 App 内，在 iOS 的任意界面，用两根手指同时从屏幕顶部下滑，就可以开始朗读了。虽然其最快语速仍然不太高，但操作极为便利。

读屏功能实际上是为盲人准备的特殊功能，在 iOS 系统中是默认关闭的，开关的位置也放得比较深，所以我在这里特别介绍一下。以下操作指引，以 iOS 13.3.1 版本为准，如果读者发现本操作指引与自己的手机不符，可根据本操作的基本含义，自行解决。

1）点"设置"图标打开系统设置，找到"辅助功能"。
2）在"辅助功能"中，找到"朗读内容"。
3）在"朗读内容"中，打开"朗读屏幕"开关。
4）可以在页面下面"语速"选项调整合成语音的语速，乌龟一边代表慢，兔子一边代表快。
5）打开"声音"选项，在"中文"选项下可以选择不同声线，我建议使用默认声线，此声线比较尖锐，高语速时识别率更高。
6）完成设置之后，可以打开任意网页，然后用两根手指，从屏幕顶部向下轻扫，手机就开始朗读屏幕上的文字了。iOS 朗读内容设置界面如图 4-4 所示，开始朗读的效果如图 4-5 所示。

图 4-4　苹果手机系统设置中的"朗读内容"选项　　图 4-5　两指下滑启动读屏功能效果

　　iOS 的读屏功能，可与亚马逊的 Kindle App 一起使用，这样就可以把 Kindle 中的内容朗读出来。注意此处指的不是电子墨水屏幕的 Kindle 实体阅读器，而是手机上的 Kindle App。同理，iOS 系统自带的"图书"App，也可以和读屏功能一起使用。受苹果公司的政策限制，在苹果手机的 Kindle App 中，用户无法购买新书，但我们可以在亚马逊网站（含手机版）购买新书后发送到自己的苹果手机上。另外，使用 Kindle App 也无法导入我们在网上找的免费电子书，但使用苹果手机自带的"图书"App 可以导入电子书。

　　iOS 系统上的 App，在朗读速度上，目前无法和安卓相比，如果读者对朗读速度非常在意，可以考虑单独买一个入门款的安卓手机专门用来听书，该手机能用 Wi-Fi 导入电子书即可，甚至不需要安装手机卡。花几百元钱买一个入门款的安卓手机相对于每分钟可以多听几百字的收益，实在是很值得。如果真的只为了听书打算入手安卓备用机，请回顾本小节开头安卓部分的内容，避免选机型时的一些陷阱。

4.1.6 如何使用 App 听文章

我们已经了解了如何用阅读类 App 的语音合成功能听电子书，此外，我们每天会在微信公众号或者各种 App 里看文章，如何听这些文章呢？

使用 iOS 手机的读者，可能已经想到，在任意界面用双指下滑都可以读屏；此外，还可以使用 Pocket App。对于安卓手机的用户来说，则没有这一便利。但安卓手机的用户可以使用讯飞有声 App 来完成文章阅读，各大应用市场都可以下载它。使用讯飞有声 App，可以将语速调到远超 iOS 读屏语速的超高速。注意，讯飞有声与讯飞语记 App 是两个不同的 App，讯飞有声 App 的主要功能是朗读，而讯飞语记 App 的主要功能是录音，并从录音中识别出文字笔记。

安装好 App 之后，读者只要把想听的内容的网页链接复制到剪贴板，然后打开讯飞有声 App，此时就会有弹窗询问是要把内容加入"加入收藏"，还是加入"一键收听"。加入收藏，即之后再听，讯飞有声 App 会有一个类似收藏夹的"听单"，可以依次播放此听单中的内容。无论是公众号文章，还是其他 App 中的文章，只要我们能找到文章的链接，都可以用讯飞有声 App 导入再播放出来，具体步骤如下。

1）从微信中获取公众号文章的链接地址：在文章页面，点击右上角的"···"按钮，在下半屏的弹出选项中，选择"复制链接"。

2）打开讯飞有声 App，讯飞有声会自动读取用户的剪贴板，如果发现其中有链接，则会自动弹窗，如图 4-6a 所示。如果用户选择弹窗中的"加入收藏"则意味着加入一个收藏夹,稍后可以手动播放。选择"立即朗读"则不加入收藏夹,会立即朗读出来。

3) 有时候步骤2中的弹窗由于各种原因无法弹出,此时可以点击讯飞有声App首页顶部的输入框,并在打开的新页面中,把链接粘贴进去,再选择"一键朗读"(功效同上述"立即朗读")或"加入收藏"。

4) 如果读者使用的是安卓10以上的操作系统,步骤2中的弹窗可能无法弹出,读者可以在讯飞有声App的"设置"中打开"桌面悬浮球",手机桌面将会出现一个悬浮的小圆圈(见图4-6b)。只要剪贴板中有网页链接,随时点击悬浮球,然后点喇叭图标即可开始朗读,点爱心图标即可把文章收藏到"听单"中。

图4-6 讯飞有声App的弹窗和桌面悬浮球

使用讯飞有声 App 有如下好处：

1）其语速可以调到较高速度，选择声线时，使用名为"燕子"的主播，并将语速调到最高，即可获得大致 1100 字/分钟的朗读速度。如果读者使用的是安卓手机，建议使用这一主播的离线声线，因为在最高语速朗读条件下，离线声线的稳定性好，而在线声线经常会出现语音断续的情况。

2）其加入听单的功能可以起到"稍后阅读"的作用。有的时候遇到一篇好文章，但当下来不及看，就可以先用这个功能加入收藏夹。也有的人会每天在某个固定时段阅读，那么在其他时间看到好的文章时可以先收藏，之后再看或者听。

3）使用收藏夹，可以把讯飞有声 App 当成一个内容的缓存，听完或看完之后，如果认为内容价值较低，则可以删除，如果认为有保留价值，可以再将文章转发到笔记类 App。

使用讯飞有声 App 也有下面几个地方要注意：

1）使用在线声线的主播时，如果我们不在 Wi-Fi 环境下，需要消耗流量。如果手机流量不足，可以切换到离线声线的主播。

2）使用在线声线的主播时，经常会遇到网络连接不稳的情况，比如走到户外或者 Wi-Fi 信号不好的地方，此时语音会有断续、卡顿甚至有无法播放的情况。

3）其"发现"页会推荐各种文章，我们可能会被这些文章吸引，消耗不必要的时间来阅读它们。这就需要我们管住自己，不要在其上消耗太多时间。

4）讯飞有声 App 也有听书功能，但是此 App 没有勾画批注功能，也没有整页翻页功能，只能连续滚屏，其目录操作功能不太方便，在章节转换的时候，还会经常出错。总之，讯飞有声 App 不适用于深度阅读。

4.1.7 听书的训练

> 听书的速度也是可以逐渐提升的，并且不需要经过特别的训练，只要每天坚持听即可。请读者从今天开始，每天在上下班途中练习听文章、听书。听的时候把语速调到自己能听懂的最快速度。以自己能接受的极限语速听书，开始时会感觉压力比较大，但持续听几天之后，我们就会适应了此语速，不会感到有任何压力了。此时可以把语速再调快一点，我们就又会感到不太适应，但只要坚持不断这样循环，不断地重复"上调"—"习惯"—"上调"这个过程，逐渐加速，几周下来就足以让我们练成 1000 字/分钟以上的超高速听书技能了。

我最开始用这样的方法听书挑战自己，是由于我发现我的一位盲人朋友使用手机时，是用读屏的方式来听手机上的内容，而且这位朋友的手机应用在读屏时语速超级快，完全超过我当时能接受的语速。受到这位朋友的启发，我开始探索听书的方法，我一直相信，盲人能够达到的听觉速度，健全人没有理由达不到。

最后补充一个小窍门，在路上听书，往往噪声很大，大到有时候会淹没朗读的声音。为了解决这个问题，可以选用有主动降噪功能的耳机，如 Bose QuietComfort 系列或 AirPods Pro。

4.2 通读阶段的技巧

> **学前小测试**
>
> 1）以下两段文字，你觉得哪种处理方式的文字更重要：一段文字在一本书中使用黑体明确作为重点标出，另一段文字对你触动很大，但书中只用了普通字体。
>
> 2）勾画时，有什么技巧可以用来区别重要程度不同的内容？
>
> 3）通读时，需要使用相同的速度阅读全书吗？为什么？

前面讲过，对于一本书的阅读，分为"预、通、内、外"四个阶段，在第2章，我们讨论了在进入正式阅读之前，需要做好预读，下面我们讨论，在通读阶段，如何综合运用第3章讨论过的快速阅读技巧。

在通读阶段，最关键的任务是：找到重点。

4.2.1 对自己有用的才是重点

通常在非虚构类作品中，核心观点所占的篇幅不会太大，而对核心观点的详细阐释、展开论述的说明会占较大篇幅。我们阅读时，应该把注意力集中到核心观点信息上。

那么，怎么样识别哪里是核心观点呢？判断标准主要有下面两个：

第一，根据作者的表述方式。作者认为重要的地方，一定会想办法强调，或者用大标题，或者用黑体、有特殊的样式等。也有些核心信息在排版上没有特殊之处，这就需要我们在阅读时保持警觉，除了从当前的字面含义理解阅读内容之外，还需要前后关联着做一些通盘思考。对于重点信息，作者通常会不厌其烦地从多个角度阐释，会举大量的例子来论述。所以如果一个观点在一本书中反复出现，或者作者花了大量篇幅阐释这件事，那么这部分内容一定是作者认为的重点。

第二，根据自己的需求，哪部分内容能够解决自己心中的诉求，哪里就是重点。这一点比第一点更重要。有些内容，并不是作者行文的重点，却能给我们重大的启发。也许原文只是某条论点的一个注释，或者是为了陈述某个观点所举的例子，但正好符合我们内心的诉求，能引起我们的联想，对我们有很大的启发。这种地方是对我们重要，但作者看来不太重要的地方。

> 本书的核心理念是"学以致用"，所以判断哪些是重点，哪些不是重点，最根本的依据应该是哪段内容对自己的用处更大，哪个知识或方法，自己能用起来，并且用起来之后收效更大。

一个知识点，也许作者觉得特别重要，但是对我们自己的工作、生活没有影响，也就不必作为我们读书的重点。我们每个人的背景知识、阅读目的、需求都是不一样的，所以同时看同一本书，重点可以完全不一样。甚至同一个人在不同的时候看同一本书，因为心中的诉求不一样，关注的重点也会不同。

这是我给读者明确标出的重点：**作者以为什么是重点，这是次要的，读者自己觉得哪些对自己有用才是首要的。**

我们要做的不是纠结于对书中文字的被动阅读，而是以我为主，从书中寻找对自己有用的信息，这就是主动阅读。有人说，有效的读书方法叫作"六经注我"，也就是说，我们读书不是去为那些书做注脚，而是让那些书成为我们自己的注脚。

举个例子，在前面我们讲过一个实验，心理学家准备了一篇文章，文章描写了某座房屋及其内部物品，要求两组人分别从购买者和小偷的视角阅读这篇文章。阅读时间相同，读完之后测试他们对于文章的记忆，结果发现，两组人记住的信息大不相同。实验说明，阅读的目的在很大程度上决定了我们能从阅读材料中吸收什么信息。

此实验是多年前我从《设计师应该懂的心理学》一书中读到的，此书介绍了几十个和视觉设计、交互设计有关的心理学现象，此实验只是其中之一，在书中的地位并不特别，其篇幅也只有一百多字，没有用任何特殊字体记载。但是，我读到此实验之后，立刻兴奋起来，因为我一直在研究如何高效阅读，按经验来看，明确的阅读目的确实可以提高阅读效率，但这只是经验，并没有实验证据。所以读到此实验时，我如获至宝，立刻把这段话作为顶级重点勾画下来。读这本书已是在五六年之前，但至今我仍然能随时把此实验的概要和意义讲出来。

4.2.2 勾画批注的技巧

找到重点之后，应该做什么呢？勾画批注，把重点画下来，把读者联想到的事情批注上去。有句话叫"不动笔头不读书"，意思是做学习型阅读的时候，务必做好勾画批注工作，如果碰到重点没有勾画批注，那么很快就会忘记重点。做好勾画这一环节也是做好将在第5章说明的"反刍内化"这一步的重要前提。

1. 对重点做等级划分

勾画的诀窍就是对重点做等级划分，然后用不同的颜色或线条加以区分。通常重点可以分为三个等级：一般重点、重要重点、核心重点。此处的"重要程度"，也是按照"学以致用"的原则来判定，读者可以根据自己的需求去判断，哪里对自己最有用，哪里就是核心重点；哪里的用处比较小，就是一般重点。

> 一般来说，一本书的一般重点不超过总篇幅的5%，重要重点不超过总篇幅的1%，核心重点不超过总篇幅的0.1%。尽量不要整段整段地勾画，如果某一段读者觉得都比较重要，可以划下其中最关键的一两句，然后自己提炼一下，把提炼出来的意思批注在旁边。勾画切忌太滥，如果勾画的东西太多，那只能说明我们对重点的标准过低，全是重点等同于没有重点。

勾画重点是为了把有限的认知资源集中起来去消化精华内容，在后续的内化、外化阶段仔细揣摩，重点勾画得过多，自然无法起到"集中精力"的作用。

在执行层面，我一般用蓝色或横线表示一般重点，用紫色或波浪线表示重要重点，用橙色或波浪线加五角星表示核心重点。如果是纸质书，我会在有重要或核心重点的页折角，以免反刍时漏过这里。读者可能会觉得折角破坏书的美观，舍不得折角。但是别忘了，对我们重要的事情不是书，而是自己对书中内容的吸收，阅读的目的是致用，爱惜图书值得提倡，但吸收知识更重要。如果为了保护书，降低了自己的学习成效，那属于不折不扣的"买椟还珠"。放书签怎么样呢？可以，但在很多情况下，我们无法保证手边有书签，而且在路上看书的话，书签经常会掉下来，折角远远比书签方便得多。

2. 勾画外链信息

> 除了对重点做等级划分，有时候还需要勾画一些"外链"信息。比如，也许我们正在读的一本书中引用了其他人的某本书中的观点，而这个观点对我们启发很大，我们想顺藤摸瓜，接下来研究一下这个人的著作，那么这种信息就可以作为"外链"信息勾画下来。

通常我们正在阅读的书中，不会对外链信息展开陈述，这就需要我们在通读之后，自己去拓展研究这些内容以增加信息量，比如搜索书中提到的人，找到其写的书做后续阅读等。此类的外链信息，我本人一般用绿色或三角形表示。通过一本书，关联到其他书、其他论文或者商业案例等外链信息的方法，其实也是我们后面会提到的"主题阅读"方法的一种。

3. 批注

对于批注，要点是不要写得太详细，言简意赅即可，太多的批注会影响阅读的流畅性。批注有两种类型，一种是总结型，一种是联想型。

> 有时候原文的含义比较零散，陈述比较冗长，如果勾画需要勾画一大片，这样做勾画要么会太多，要么会损失掉一些阅读时提炼出来的信息。此时就可以在勾画最核心的部分之外，自己做一个总结，用简练的文字把含义写在勾画部分旁边，这就是"总结型"批注。
>
> 另外一种是"联想型"批注。我们读到原文中某段文字的时候，往往受到原文的激发，自己联想出更多信息。这些信息是原文中并不包含的内容，但这些联想对我们理解原文，或者把新获得的知识点运用到自己的工作生活中有重要的价值，所以我们应该把这些联想批注到原文旁边。

还是用上文中那个从小偷和购买者两个视角阅读描述房间的文章的实验来做解释。多年以前，我阅读到这个实验时，批注在这段文字旁边的是"与学习的致用原则相符"，这个批注的含义是原书中不包括的，属于联想，在联想时我将原来已知的"学习需要学以致用"原则，与刚刚读到的心理学实验结合了起来。这个结合，对于我理解此实验的价值产生了巨大的帮助。而且这个实验的内容，成为我后续阐释"阅读目的决定阅读收获"这个原则时常用的一个证据。实际上，这也是联想可以促进知识运用的一个案例。

4.2.3 灵活控制阅读速度

根据自己的阅读目的，可以选择跳读、略读等不同的方法来加快速度，由于主动放弃了对某些文字的仔细阅读，自然阅读速度会大幅加快。在通读一本书的过程中，我们可以灵活使用这样的策略来阅读不同的章节，有的章节看仔细一些，有的章节略读即可，有的章节甚至可以只看看大标题。通过主动控制阅读速度，我们可以在更短时间内获取更多信息。

> 这种根据自己的阅读目的主动选择不同的阅读策略，时刻带着自己的问题去阅读，就是主动阅读。相反，如果阅读中不体现自己的阅读目的，只是一味跟着作者的节奏走，那就属于被动阅读。二者的区别就如同旅游时的自由行和跟团游，收效更大的显然是前者。

要做主动阅读，就要根据阅读目的，识别出作品中哪些是对自己最有价值的部分。通常来说，非虚构类作品的核心观点类内容所占篇幅不大，绝大多数篇幅属于详细阐释、展开论述的说明部分。对于核心观点信息，我们应该分配更多的阅读时间，读这部分内容时可以慢一点、细致一点；对于非核心信息，我们可以读得快一些、粗一些。这就需要自己在阅读时，时刻保持警觉，也就是除了理解当前阅读文字的具体信息之外，还需要能判断出当前文字在全书中的地位，以及对自己的作用大小。这听起来会增加自己的阅读负担，但实际上一旦适应之后，会是自然而然的事情。就像专业车手，都是使用手动挡，因为手动挡在他们看来比自动挡更灵活，操作起来更得心应手。

这里可以关联到第 2 章讨论的"预读",做预读实际上有助于我们了解每个章节的大体内容,方便我们在详细阅读时选择不同的速度。假设一本书我们只有 30 分钟来阅读,那么第一重要的事情肯定是阅读目录,然后从中找出自己最感兴趣的章节,做重点阅读,而不是翻开之后从头读到尾。对一篇文章也是一样,回忆一下我们上中学时做语文阅读理解题目的情况。如果一篇文章上来就按一个速度从头读到尾,然后去看之后的题目,此时我们往往还需要回过头来再细读一些和题目相关的重点段落,这样总体的时间利用效率很低。不如先对文章做一次略读,然后开始看题目,再根据题目来做重点阅读,这样的效率更高。读书和读文章时,预读有助于我们选择重点,控制阅读速度,提升效率。

如果采用快速阅读法,整个通读环节通常用时为 1～4 小时,根据书的篇幅和重要程度,用时会有所不同。如果一天中能抽出 1 小时阅读,也就是用 1～4 天的时间可以读完一本书。通读时,切记耗时太长,如果用了 1 周甚至 2 周都无法读完一本书,那么在读到后面时我们往往已经忘记了前面的内容,此时全书的整体感、内部的关联性往往很难建立起来。在一本书上消耗的时间过长,也会影响我们的阅读信心。所以,无论如何,对一本书的阅读一定要在 10 天内完成,开始阅读后尽量保证能集中投入充足的阅读时间。如果阅读时间超过 10 天,可以暂时放弃此书,等有时间的时候再一鼓作气读完。

4.3 小结

本章中,我们先讨论了使用语音合成 App 来听书和听文章的方法,听书可以有效地利用起来原来不方便阅读的时间,并且听书类

App 也可以做到 1 000 字/分钟以上的语音速度，这两项优势结合起来能为读者带来巨大的收益。本章涉及不少具体操作层面的内容，请读者一定要实际演练。

之后我们讨论了通读阶段的综合性技巧。首先是如何识别重点，这要依据自己的阅读目的作出判断。其次是勾画批注的技巧，勾画时可以根据不同的重点等级使用不同的标记，批注有"总结型"批注和"联想型"批注两种类型。最后我们可以根据段落的重要程度，选择不同的阅读速度，无论是对一本书，还是对一篇文章，我们都可以根据自己的阅读目的，灵活控制阅读速度。

第 5 章 反刍内化

> **学前小测试**
>
> 请在阅读本章之前,尝试回答下列问题。
>
> 1) 你觉得专家与新手之间的区别有哪些?
> 2) 如果让你对知识做一下分类,你会怎么分?
> 3) 你觉得,如果要促进我们对所学知识的灵活运用,应该采取什么策略?
> 4) 在垃圾分类时,小碎骨和大腿骨属于什么垃圾?这个问题与本章有什么关系?
> 5) 假如 A 和 B 两个人,用相同的时间背诵一篇文章,A 朗读了 9 遍尝试背诵 1 遍,B 朗读了 5 遍尝试背诵 5 遍,不会的地方再去看原文。此时来测试两个人的记忆效果,哪个人的记忆效果更好?

在第 1 章中,我给出了一个阅读成效公式:

阅读成效 =
精力投入 × 内容适合程度 × 信息输入速度 × 内化吸收率 × 外化行动转化率

第 3 和第 4 章主要在讲如何提高"信息输入速度"的问题,本章我们来讨论如何提高"内化吸收率"的问题。

做通读的时候,我们已经把重点勾画批注下来,下面先要把自己找出来的重点,认真地重读一遍,即"反刍",同时做消化吸收的工作,把新知识融入自己既有的知识结构,即"内化"。

> 在整个反刍内化阶段,千万不要求快,要仔细揣摩。这个步骤,一定不要在路上做,要找一个安静的地方,全神贯注地来做。在通读阶段,我们花费的时间是最多的,通常要花 2~3 小时完成通读。而在反刍内化阶段,我们需要处理的文字量大概只有几千字,但耗费的时间短则半小时,长的时候需要 1 小时。但这个时间花得非常值得,阅读一本书后真正能沉淀下来被我们内化吸收的东西,绝大多数是来自这个环节,这是整个阅读过程中,收获最大的环节。

5.1　重读重点

> 我们勾画下来的重点,在一本书中的比例应该不会太大,其总量占全书篇幅不到 5%,1%~2% 的可能性比较高,也就是多为 3000~4000 字,最多不超过 1 万字。
>
> 重读过程中需要处理的阅读量并不大,所以重读不需要使用快速阅读技巧,而是要仔仔细细地读。因为这些内容是刚刚读完的,我们对这些内容的记忆还比较清晰,所以重读时,我们应该能很快回想起这些内容的含义和其上下文,以及我们当时为什么认为这段是重点。如果出现重读时光看画下来的文字已经理解不了原文含义的情况,那就有必要再花点时间重读更多上下文,确保自己能理解这段话的含义。

光重读还不够,重读只能帮我们达到对内容在"字面上的理解",理解程度非常浅。而未经我们大脑深度加工的知识,我们对其的记忆就会比较浅且容易遗忘,也很难在现实中的其他场景使用。如同,我们刚刚从书上看到一个数学公式，这个时候我们还无法用这个公式来解题，还需要仔细思考理解，并且看例题、做习题，之后才能用上这个公式。在本章中我们就来详细讨论对新获得的知识做深度加工的方法。

5.2 朝专家的方向加工知识

我们先来看一下经过良好加工的知识的最终形态，我们对知识做加工时，可以参照此方向去努力。同样的知识，在领域专家与新手的大脑中是不同的，我们可以把专家大脑中的知识状态作为我们在重读阶段加工知识的目标方向。美国国家研究院（NRC）行为与社会科学以及教育两个委员会共同编著的《人是如何学习的：大脑、心理、经验及学校》一书中，学者们总结出了专家的如下特征：

> 1）专家能识别新手注意不到的信息特征和有意义的信息模式。
> 2）专家获得大量的内容知识，这些知识的组织方式反映了专家对学科的理解深度。
> 3）专家的知识不能简化为一些孤立的事实或命题，而应反映应用的情境，也就是说，这些知识受一系列环境的制约。
> 4）专家能够毫不费力地从自己的知识中灵活地提取重要内容。
> 5）尽管专家谙熟自己的学科，但这不能保证他们会教导他人。
> 6）专家应付新情景的方法灵活多样。

其中第 5 条和第 6 条对我们的参考价值不大，此处不做展开，我们来拆解一下前 4 条。

5.2.1 发现更有意义的信息模式

荷兰心理学家德格鲁特（deGroot，1965）做过这样一个实验：给一位国际象棋大师、一位 A 级棋手（优秀但并非大师级）和一名新手同样 5 秒时间，观看一局对弈中的棋盘布局。5 秒后，把棋盘盖上，要求每位参加者尝试在另一棋盘上复现棋子位置。实验结果，国际象棋大师可以复位 16 个棋子的位置，A 级棋手可以复位 8 个，而新手只能复位 4 个。这符合我们的预期，并没有特别之处。但下面，实验者打乱了原棋盘上的布局，此时原棋盘上呈现的不再是一场正常对局的中盘，而是一堆随机摆放的棋子。此时再重复上述实验步骤，结果发现，国际象棋大师和 A 级棋手的回忆能力与新手是一样的，只能复位 2～3 个棋子。这个实验证明：国际象棋大师之所以能够有更好的记忆表现，并不是因为其记忆力更好，而是因为其能更有效地识别出国际象棋布局的意义。

后来心理学家在其他领域的专家身上也观察到了类似的情况，这些领域有：电子回路［伊根（Egan）和施瓦兹（Schwartz），1979］、辐射学［莱斯果德（Lesgold），1988］和计算机编程［艾里奇（Ehrich）和索罗韦（Soloway），1984］。在每个案例中，某一领域的专业知识有助于提高人们识别出有意义的信息模式。例如，电子技术专家只要观看几秒就能再现大部分复杂的电路图，而新手则办不到。因为电子技术专家会把多个电路元件识别为一个功能组块，比如几个晶体管和电阻组合起来能起到放大电流的作用，它们就组成一个放大器。这样在电子技术专家眼中一张复杂的电路图不过是这里一个放大器，那里一个滤波器，几个元件之间互相连接。而在新手眼里，电路图上只是一些无意义的单个元件。

我们回想一下自己遇到过的专家，应该也会有类似的感受。面对同样的信息，当普通人还在想办法弄清楚信息的具体含义时，专家早就透彻理解了信息，并且直接洞察到问题的本质。新手只能关注到信息的表层含义，而专家能识别出新手没有注意到的特征和模式。

在阅读时也有同样的规律，我们如果在某个领域有比较多的知识积累，在看到新的内容时，理解就会更快，甚至看一眼标题就可以大概猜出整段内容。我们在刚刚读到一个新知识时，还不能透彻深刻地理解这一新知，此时如果在现实中遇到了可以运用这个新知的场景，我们往往无法从现实场景中识别出其内在的意义，也就想不到运用新知。所以对于新知必须经过细致的加工、演练，才能真正为己所用。

5.2.2 围绕核心概念组织知识

专业领域的知识在专家大脑中，不是简单地罗列，而是围绕核心概念、重大观点组织。有这样一个实验［池（Chi）等人，1982］，心理学家让新手和专家来做几道物理题，然后让被试来解释关于这道题自己是怎么理解的。题目就是中学物理课本中常见的，如斜坡上放一个木块向下滑动求速度，或者在一根弹簧的一段放上一个重物，拉开弹簧之后观察震动情况之类的问题。在新手的理解中出现的是：斜面、木块、弹簧、摩擦系数这样的信息，而在专家的理解中，这些题目都是一样的，全部是关于"机械能守恒"这个概念。

有了围绕核心概念组织的知识结构，专家在提取知识时，就可以产生丰富的联想，从一个核心切入点，就可以立即自动连带出一系列相关知识。而新手的知识是零散不成系统的，或者按照表层特征来组织的，这样在面对提取信息的任务时，只能一个一个地依次在大脑中搜索知识点。

知道了这个原理，我们在学习时，就应该主动为新知识寻找有意义的联系方式，先用重要的概念、框架区分这些新知识，再把零散的知识点组合进关联的单元。我们记忆中这样的概念模块越多，这些模块之间的互相

> 关联也就越多，知识和知识之间会互相印证、互相联系，也有互相对比乃至互相对立，这样我们就很容易从一个知识模块联想到其他知识模块，知识提取的效能就会提高。

另外，在我们阅读时，书上的信息是以文字的前后顺序呈现的，但我们希望最后这些知识在我们的大脑里形成专家思维这样的网络结构。所以，在内化阶段，千万不要纠结于书里的原文，那已经不重要，重要的是我们怎么拆解这些知识，形成新的结构。

5.2.3 能按情境提取知识

大的概念可以帮助专家组织知识，但现实中用到知识的时候，面对的是一些具体的问题，大概念并不能直接使用。专家在面对具体的情境时，并不是把所有知识都在大脑中搜寻一遍，而是能迅速提取出适用的知识。专家不但获得知识，而且能熟练提取与具体任务相关的知识。用认知科学家的话来说，专家的知识是"条件化的"——它包括对有用的情境的具体要求［西蒙（Simon），1980；格拉泽（Glaser），1992］。

新手则要么需要在记忆中苦苦搜索，这样会消耗本已有限的大脑思考能力，进一步降低整体效率；要么会找到错误的知识，生搬硬套用了错误的方法。所以新手的知识是非条件化的，是"惰性"知识，难以被激活［怀特海（Whitehead），1929］。

心理学家［布兰斯福德（Bransford）和斯坦因（Stein），1993］问小学生：船上有26只羊，10只山羊。船长年纪有多大？有超过3/4的儿童试图用数字来解答这些问题。孩子们反问自己，这到底是加法、减法、乘法还是除法问题，而不是问这个问题是否有意义。孩子们虽然学会了加减乘除，但是并不理解这些方法的使用场景。公式都会背，方法书上都有，但是遇到实际情境，我们仍然不会使用，问题就出在这里。

> 所以我们在读到一个新知之后，应当重点思考：新学到的知识可以用在哪些场景？新方法的使用条件是什么？新知识的局限是什么，在哪些条件下不能使用？另外多为自己创造机会，去实际演练使用新知识，这样来促进我们脑中知识的"条件化"。

5.2.4 顺畅提取知识

我们提取知识的时候，会有三种状态：费力、自动化、顺畅，而在提取专业知识时，能够做到顺畅和自动化提取是专家的特征。要做到顺畅提取知识，只有使用刻意练习的方法，勤加练习。自动化提取是指下意识的知识涌现，不需要意识的参与。专家会在自己的领域驾轻就熟，很多任务已经变成所谓的"肌肉记忆"，完全不用思考，在完成一项任务时还可以同时做其他事情。而新手则往往需要全神贯注地来做同样的事情，也许还不能完成。比如，我们刚刚学会开车的时候，开车会比较紧张，全部注意力都在控制车上。等我们开习惯了之后，就可以一边开车一边聊天，一边听歌，一边看着导航。

有时候专家的一些知识已经"自动化"到无法拆分出每个步骤的境地。比如我们刚开始学习魔方时，需要记住每个形态对应的操作公式。但练熟之后，看到一个魔方形态，我们能自动做出一连串手感动作，却已经无法说出具体的公式。

以上就是同样的知识，在专家与新手之间的不同。

> 我们在刚刚理解某种新知识的时候，还只是这种知识的新手。如果这种知识对我们来说比较重要，那么我们需要经过一系列的加工，让自己在这种知识上向着专家的方向靠近。总结起来有4个方向，深刻理解新知的内在模式，把零散的新知组织到重大的观点周围，把新知和潜在的应用场景关联起来，演练以做到顺畅提取。

5.3 用不同的方法对待不同类型的知识

学习的最终目的是"致用"，所以我们可以按照知识使用的场景区，对知识做区分对待。1956年，美国著名教育家布卢姆（Bloom, B. S.）等人在《教育目标分类学第一分册：认知领域》一书中，提出了认知目标分类的概念。这一理论提出后影响巨大，几十年来学者们一直在不断完善、修订。在2001年，由当代著名的课程理论与教育研究专家安德森（Anderson, L. W.）领衔，集近十位美国著名教育家之合力，完成了《学习、教学和评估的分类学》一书。在此书中，学者们将认知维度分为四种类型，依次是：事实性知识、概念性知识、程序性知识、元认知知识。四种知识的特点不同，使用场景也不一样，我们对待它们的方法也应该不同。

5.3.1 事实性知识

事实性知识（factual knowledge）是最基础、最简单的要素，具体包括以下两个方面：

1）术语知识。这是指词语，或者符号图片等具体的非语言符号。比如本书中的一个词语"四步读书法"就是本书提出的一个术语。

2）具体细节和要素的知识。这是指事件、地点、人物、日期等知识。

对于事实性知识，只需记忆和理解即可。在没有计算机的时代，人们要做知识的检索很麻烦，所以对记忆的要求比较高，而有了计算机的帮助，对记忆的要求就大大降低了。对于大多数使用频率不高的知识，我们只要能理解并记住其名称、关键字即可，需要用它们的时候，通过搜索引擎就能够找到各种丰富的细节。我们将在第 8 章专门介绍如何用手机和计算机解决个人的海量信息存储和检索的问题。那些对我们非常重要、经常会用到的知识，才有必要记住。提高记忆效率的方法，我们会在 5.5 节详细讨论。

5.3.2 概念性知识

概念性知识（conceptual knowledge），抽象地说，是关于一个整体结构中要素之间关系的知识。比如，一个学科领域的知识是如何加以组织的，如何发生内在联系的，等等。概念性知识，还可以从低到高分为三个层级。

1）类别与分类的知识。比如，海豚属于哺乳动物。

2）原理与概括的知识。比如，牛顿第二定律，就是对物体运动现象所作出的抽象和总结。

3）理论、模式与结构的知识。比如，进化论就不再只是一个具体的规律，而是一整套理论，它是最抽象的知识。

在我们职场人的学习当中，概念类知识是最多的，也是最重要的。

比如，对于营销人员，重要的概念包括：目标客户、市场定位、品牌等。对于产品经理，重要的概念包括：用户体验、企业价值、关键指标等。对于新媒体文案策划人员，重要的概念包括：打开率、转化率、转发率等。对于互联网运营人员/增长黑客，重要的概念包括：

获客、激活、转化、回访、裂变等。对于创业者，重要的概念包括：竞争壁垒、成本结构、盈利模式等。

对于这一类的知识，我们职场人通常不需要精确地记忆概念的原文是怎么表述的，而是需要理解其内涵，并且能把这些原理、理论灵活运用到我们面对的场景中，解决自己面对的问题。如何处理这类知识是我们的重点，我们将在5.4节详细讨论这个问题。

5.3.3 程序性知识

程序性知识（procedural knowledge）是关于如何做事的知识。如果说"事实性知识"和"概念性知识"关注的是"什么"；程序性知识则关注"如何"，前者关注结果，后者看重过程。程序性知识又分为以下三类：

1）关于具体技巧和算法的知识（knowledge of subject-specific skills and algorithms），也就是操作技巧、执行步骤之类的知识，比如，我们要在Excel里算某列数值的和，每一步应该怎么操作。

2）关于具体技术和方法的知识（knowledge of subject-specific techniques and methods），这类知识主要反映了这一领域的专家是如何思考及如何解决问题的，是其思路，而不是具体的操作步骤。上一种知识（具体技巧和算法的知识）的执行结果是确定性的，而这种知识比上一种更加灵活，使用这些技术、方法时，可能有不同的结果。比如和人沟通的技巧是一门很深的技术，但这种技巧并没有具体、固定的步骤，而是一个概略性的技巧，而且同样的方法用在不同的人身上也可能有不同的结果。

3）确定何时运用适当程序的知识（knowledge of criteria for determining when to use appropriate procedures），这类知识主要反映了专家在解决问题时不仅要知道如何去做、做什么，还知道在什么时候、什么地方运用这些知识,以及用哪种方法更为合适。专家的知识是"条件化"的,而用来判定这些条件的知识就属于此类知识。我们经常听到这句话"手里有锤子,所以看到什么都觉得是钉子",其实这就是对于此类知识的掌握不够充足,只知道具体的执行步骤,不知道应该在什么情况下才应该去执行这些步骤。

> 对于程序性知识,如果属于我们的核心技能领域(工作中经常要使用的技能),我们就必须通过刻意练习的方式将其变成我们的"肌肉记忆",也就是说我们必须成为这种技能的专家。这类知识往往只靠阅读是无法掌握的,必须通过实践、练习才能真正掌握。

而对于我们偶尔才有机会使用一次的程序性知识,比如,某个执行流程、某个模板,则与事实性知识一样,我们在学习时并不需要反复记忆、练习。我们可以把具体的步骤、思路记录在计算机中,自己的大脑只需要记住其关键字,需要用的时候,能在计算机中检索出来即可。关键是我们要充分理解这个方法、思路的应用场景,它可以解决什么问题,以及在什么情况下使用这个方法最为合适,也就是上面所说的第三类程序性知识,这比记住具体步骤更为重要。

5.3.4 元认知知识

元认知知识(metacognitive knowledge)是关于我们如何认知自己的知识,以及我们如何认知知识的知识。心理学上也用其他更好理解的术语来表达这个概念,比如,自我意识、自我反思、自我调节等。比如,我们看完一段话,大致可以评估自己看懂多少,这种我们对自己的评估,就可以归为"元认知"。如果我们发现自己没有看懂,就可以放慢速度,重新阅读某些部分,这种有意识的调节也属于元认知。

"元认知知识"又可以分为"策略知识"和"自我认知"。所谓

"策略知识"就是思考的方法论，比如提高记忆效率的策略、自我提问的检测策略、阅读前先树立阅读目标的计划策略等。我们在本书中讨论的针对不同的知识，可以采取不同的学习策略，也属于此类知识。对于此类知识，通过学习就可以获取，因此是我们职场人阅读时应当重点学习的领域之一。但仅仅了解这些知识还不够，还需要练习使用这些知识并进一步思考。关于练习的具体方法我们后面会再做详细讨论。

所谓"自我认知"又分为三个要点，其一是我们对自己完成某项任务的能力的判断。人贵在有自知之明，但想要客观地评估自己是非常困难的，大量心理学研究表明，在很多情况下，人都会错误地评估自己的能力、水平。所以要提高自己的"自我认知"水平，最好的方法是用一组外在的客观标准来作为参考。比如工作中的数据指标、测验成绩等都可以作为参考。有些时候我们不方便获取客观的反馈，也可以邀请朋友、同事、同学、用户或者读书小组/学习小组的其他成员做反馈，这也有助于我们改进自我认知。其二是我们做某个任务的理由和目的，也就是为什么做这件事。其三是我们对某件事价值的判断和自己的兴趣。我们前面讲"阅读目的决定阅读效率"已经包含了这层意思。

元认知，本质上属于反省认知，所以经常做反思，也有助于提高自己的元认知能力。

5.4 为迁移而学习

当代教育心理学和教学理论一般将学习的成效按"保持"（retention）和"迁移"（transfer）两种维度来衡量。所谓的"保持"也就是我们平时说的记忆，而"迁移"指的是把在一个情景中学会的东西，迁移到新的情景。我们平时说的"活学活用"、《论语》中讲的"举一反三"都是这个含义。下面我们就分别来讨论如何做好这两件事。

> 本书的核心观点是读书需要"学以致用",实际讲的也是"迁移"。特别是对于概念性知识,我们职场人要有能力完成迁移。我们做内化,目的是能够外化使用,所以我们应该围绕外化使用这个目的来做内化的工作,也就是"为迁移而学习"。知识刚刚进入我们的大脑时,我们还仅仅是"知道"了这个知识,最多能做到"记忆",还做不到"使用"这个知识。仅仅记住新知识是不够的,要让新知识可以使用,必须对其进行深度加工。

我们的大脑就好比一座城市,我们新学到的知识就好比在这个城市里新建了一栋房子,但是房子刚建成的时候还只是一栋毛坯房,还没和城市里其他部分连接上,还没有通水电气,也没有通道路,房子是没法住人的。只有当它和原有城市的其他部分联通起来,它才能真正地发挥作用。所以,要让这栋房子能够启用,最重要的事情就是做"联通",也就是我们把刚刚从书里看到的字面意义,拓展、发散出来,不再专注于字面内容,而是去关联自己既有的知识、经验,联系自己的实际生活、实际工作和自己真实的需求。利用已有的熟悉的知识、经验,去阐释新学的材料。只有把新的知识和我们自己关联起来,它才能真正地被使用。下面我们就来讨论能够促进知识从知道状态到可用状态的转变方法。

5.4.1 自我举例

> 一个重要的方法就是"举例",也就是为新知举一个例证。通常来说,一本书中在给出的原理的前后,一定会给出例证。但这是原书作者给出的例子,我们需要自己举出一些例子。我们应该举一些书里没有但自己亲身经历过的,或者在其他地方读到、听到的例子,只要是举原有知识系统之中的例子即可。

比如著名管理学者克莱顿·克里斯坦森（Clayton Christensen）在所著的《创新者的解答》中讲到，我们做产品应该针对用户的使用场景，也就是他为什么要用这个产品，而不是针对自己的产品本身有什么样的功能、特点。

我读到这里，为这个道理举了一个例子。十年前在北京路边，会有不少卖煎饼果子的早餐摊贩，但是近五年，路边早点摊普遍不再卖煎饼，而是改卖鸡蛋灌饼、烤肠之类的食品。这是为什么呢？其实这完全可以用克里斯坦森做产品的道理来解释。在买早餐的场景中，最重要的用户需求是迅速、快，消费者是在匆匆忙忙的上班途中停下来购买早餐，时间紧迫，所以消费者不愿意等待，而煎饼通常需要花2～3分钟来制作。而鸡蛋灌饼之类的食品可提前做好，一直在保温状态，消费者可以立即拿走不必等待。相反，在一些小区，针对社区居民或老年人的早餐店，仍然有不少在售卖煎饼，主要原因就在于在这些场景下，消费者并不着急赶时间。如果我们是一个做早餐的摊主，在考虑自己的产品的时候，考虑的是改进口味、用料之类的问题，那么这就是针对自己产品的特点去做改进。而如果我们先考虑用户是在什么情况下来到我们的店铺，此时用户优先考虑的要素是什么，就是针对用户的使用场景去做改进。如果能够为新学到的原理举出这样的一个案例，此原理我们就理解得比较到位了。

再举一个从例证反向关联原理的例子。还是前面反复提及的两组被试看一篇描写房子的文章的实验。我参悟到"阅读目的是影响阅读效果的决定性因素"这个道理，是在读到此实验前一年多。读到此实验时，我立即联想到这个道理，也就是把这两项知识打通了。但是实际上在《设计师要懂的心理学》一书中提到这个实验，并不是为了证明这个道理，而是讲 UI 设计师在设计用户界面的时候应该先帮用户建立心理预期，这样用户就容易在信息庞杂的 UI 界面中发现设计师希望他看到的东西。所以，我在为这两项知识做关联时，跳出了原书涉及的范围，更广泛地联想到读书方法。这个关联建立起来以后，我对例证与原理这两方面的理解与记忆都会加深。在这个案例中，原理和例证并不同时出现，原理先于例证，在阅读到具体的例证时，可以反向为其寻找原理。

在举例时，如果举出的例子能贴近我们阅读目的中设定的使用场景，会对我们在现实工作、生活中的使用有更好的效果。前面讲到，专家的知识是可以按情境提取的，为新知举例，实际上也是在为新获得的知识增加情境。

实际上，我们所做的任何理解，在某种意义上都离不开迁移。所谓理解，就是我们能为新学到的知识建构意义，而"建构意义"就是新信息与原有知识产生联系。当新信息与现有的认知框架整合在一起时，理解就发生了。所以，对信息的理解，离不开对既有知识的应用，即对现有知识的迁移。"温故而知新，可以为师矣"讲的也是这个道理。

> 联系 5.3 节关于知识分类的内容，我们会发现，概念性知识与"理解"有重要的关系，理解实际上是概念性知识之间的一个互动，用既有概念为新概念构建意义就是理解。只有理解之后，新的概念才能为我们所用。

5.4.2 抽象思考

> 对问题做抽象的思考，发现不同任务之间内在的共性，了解信息背后的原因，有助于新知在不同任务之间迁移。

早在 1908 年，心理学家斯科尔科（Scholckow）和贾德（Judd）就做过一个著名的"常规学习"与"理解性学习"效果的对比实验。

该研究让两组儿童练习用飞标投掷水下的靶子。一组儿童接受光的折射原理解释，另一组只做投掷飞镖练习而没有接受任何解释。练习时把靶子放在水下 12 英寸（1 英寸 = 2.54 厘米）处。如果测试在同一深度进行，则两组儿童的效果都不错。但如果把靶子移到水下只有 4 英寸深的地方后，受过抽象原理指导的那组投得更准，他们能更好地调整自己的行为以适应新任务。此类的研究还有很多，如果我们在学习时只满足于记忆新知的表层含义，而没有去深挖新知的深层原理，我们在应用知识的时候，灵活性就会不足。

举一个现实中的例子，我国有很多城市从 2019 年开始推广垃圾分类处理，大多数人都知道垃圾分为：厨余垃圾、可回收垃圾、有害垃圾、其他垃圾。那么，请问：小碎骨和大腿骨属于什么垃圾？

如果按照常规思路，二者应该都属于厨余垃圾。但实际上，完整的大块骨骼应该属于其他垃圾。可能多数人早就在垃圾分类的宣传材料上解到这个信息，但为什么会有这样的规定？如果一个人说不清楚原因，那此人就是知其然不知其所以然，对这个知识的理解、阐释还不够到位。实际上，这是由于在垃圾处理上，厨余垃圾的处理方式是厌氧消化处理，利用微生物在厌氧条件下进行发酵将有机物转化为二氧化碳、甲烷和水等代谢产物，既可以将垃圾减量，又可以产生能源。而对其他垃圾，填埋和焚烧是目前较为普遍的处理方式。小碎骨容易被微生物降解，而大骨头则不容易降解。如果我们只是机械地去记忆垃圾分类知识，而不去了解其背后的原理，再遇到类似的问题的时候，我们还可能答错。

再比如，药物属于有害垃圾，那么熬中草药的残渣是不是有害垃圾？

5.4.3 归纳类比

> 归纳类比，是指探寻各种事例之间内在相似性的学习方法。运用类比不仅能帮助学习者理解新知中蕴含的规律原理，还能提升我们在新情境中运用这些规律的灵活性。简单地说，做类比就是我们需要去给新的知识找到内在相似的其他知识。

举个例子，1983年，两位心理学家［吉克（Gick）和霍利约克（Holyoak）］做了一个实验，他们要被试去学习肿瘤放疗方案的原理。我们知道，做放疗的时候，需要用高强度射线照射肿瘤细胞，但是被射线穿透的健康细胞也会被一起杀死，这当然是我们要避免的，但如果减弱射线强度，却又杀不死肿瘤细胞。请问医生该怎么办？

研究人员设计了几个不同的类比案例作为参考。比如：

一位将军要率领军队攻打一座城池，如果让全部兵力从一个方向进攻，就会压垮护城河上的大桥，所以他必须兵分几路从不同方向进攻。另一个案例是，消防员灭火的时候，如果所有的水都用一个水枪喷射，那么水枪巨大的反作用力会使消防员难以控制；因此消防员用好几把水枪从不同方向喷水，保证灭火水量的同时又把反作用力控制在合理的范围之内。

除了提供类比案例，研究人员还将其中的规律总结出来写成原理描述：先分散力量，再集中解决目标。

看到这里，想必你一定知道问题的答案了：医生可以从几个不同的角度同时用几束强度较弱的射线集中照射肿瘤细胞。

为了做对照参考，研究人员按照不给类比例子、给1个类比例子、给 2 个类比例子，对被试做了分类。同时还按给原理解释、不给原理解释这个维度对被试做分类。最后搭配出 6 种组合，就是有的人会看到 1 个例子＋原理解释，有的人会看到 2 个例子但不给原理解释……总共 6 组。最后发现，如果只给原理不给类比例子，能够自己推理出放疗方案的只有 28%；而如果给 2 个类比例子，而不给原理解释，能答对的人有 52%；当然效果最好的是给原理解释并且给 2 个类比例子的，有 62% 的人答对。有趣的是，给 1 个类比例子并且给原理解释，只有 32% 的人答对，这是学校教学中或者大多数的书中最常见的方式。但这个正确率，还不如给 2 个类比例子但不给原理解释的方式。

> 这个问题就在于，我们学会了某个原理的概念，并不代表真正懂得该何时应用它，如果只给 1 个类比例子，学习者并没有领悟到这个原理的适用场景是多样的，没法做到举一反三，没法把这个原理应用于其他情境。学习者看过 2 个不同情境例子，有了对比、参照后，对原理的理解就会加深。
>
> 当我们看到一个新的道理时，可以好好想一想，这个新知识的深层结构到底是什么，有什么事情和它的深层原理是相同的，如果我们能找出几个类似的案例，或者相似的原理，那么我们对这件事的理解就更充分。如果我们能想出对同一原理的几种不同的应用场景，我们的思路就会更开阔，运用知识的灵活性就会更高。前面讲到在专家心中，知识是按核心概念组织的，专家可以看到不同问题、不同表象背后共通的结构，也是由于专家已经在众多不同的场景下运用过同一知识。

类比的方法如此重要，我们必须学会用类比的方式去思考，并辅助自己的学习过程。特别是对于职场人来说，在绝大多数的情况下，我们的学习是自学，没有老师为我们准备各种类比材料，我们只能靠自己主动运用这种思维方式。

运用类比的学习过程中容易出现两类问题。首先，我们可能无法从类比中总结出蕴藏其中的深层结构，或是解读出目标内容之外的东西。比如，有人类比了原子结构与太阳系结构之后，可能得出的规律是"所有的东西都是球"，而没有看出真正的关键特征是按轨道运行、绝大多数质量集中在核心、组成要素散布在相对较大的空间中。做类比时一定要注意，我们要找的不是新知识的表面特征，而是它的深层结构。

更为严重的问题是选择了不恰当的类比对象。比如，人们经常拿电流与水流做类比，但这个类比有一个不太恰当的地方：如果按水流来理解，点亮一串彩灯的小灯泡的时候，应当是按顺序逐个亮起，因为电流（水流）要流经导线（水管）。这就是类比的对象选择有问题，更准确的描述应当是，水管中已经充满水，打开水龙头后管子里的水会同时流动起来。在利用类比的时候，务必选择合适准确的例子。当然，刚开始学习的时候，可以先用一个简单的例子进行类比，随着我们的理解不断加深，可以再用更准确的类比例子取而代之。

> 在职场人自学的场景，会遇到另外一个问题，那就是我们自己的知识范围有限，想不出很恰当的类比，或者很难从全新的角度来思考问题的本质。此时有两种方法，其一是多读几本同一主题的书，不同的作者对同一概念会有不同的阐释、举例等，这些会为我们增加类比的素材。其二是邀请更多人一起帮你构思类比，看看哪个类比对于表达目标内容更为贴切，比如可以把你的思考发到朋友圈，或者学习小组之类的地方，邀请大家帮我们想想是否有类似的概念、案例。

5.4.4 对比辨析

> 类比是让我们从不同的事情中，找出共同的深层特征。而对比则是让我们从相似的事物当中，找到其间的细微区别，它能帮助我们提高对知识理解的精度，矫正我们原有认知当中的误差，增强知识的迁移效果。

比如，心理学家布兰斯福德和麦克雷（Bransford & McCarrel, 1974）给出了下列图示（见图 5-1）。

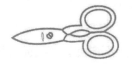

图 5-1　一把剪子

这是一把剪子，如果我们只看这张图，除非我们是剪子方面的专家，否则看不出这把剪子有什么特别之处。但接下来，如果将这把剪子与其他几款放在一起对比（见图 5-2），会产生怎样的效果？请花大概 60 秒的时间仔细看图 5-2 中这些剪子，思考这个问题：为什么剪子 D 特别适合剪脚指甲？

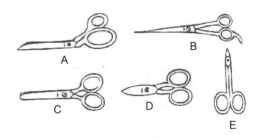

图 5-2　可对比的多把剪子

通过对比这组款式相似但细节不同的剪子，你会发现剪子 D 的一些特征是为施加较大的力而设计的：它的刀刃比较厚实，适于剪较硬的脚指甲；它的手柄较大，可以放下多根手指，这样用力比较方便；其刀刃较短，根据杠杆原理，剪切力会更大，等等。让我们再看看其他款式，此时你就能明白每一款的特别之处：剪子 A 的水平刀背可以贴在桌面上，所以它适合用来剪裁布料；剪子 B 的手柄上有小钩子，能抵住小拇指，从而能做更精确的操作，是为理发师精修发型的场景准备的；剪子 C 有圆形刀头，能防止意外戳伤，是为儿童设计的；剪子 E 刃短而柄长，刃短适合剪开韧性较好的东西，而柄长则适合精确控制，这是医生用来剪开皮肤的手术剪。

> 拿来做对比的例子，通常看上去是相似的，但通过对比，我们就可以发现每个例子的独特之处。对比能够帮助我们意识到原先不曾留意、容易被忽视的细节。通过对比，我们可以更好地辨别出哪里是重点，更好地理解抽象概念，从而促进新知向实际应用场景的迁移。

如果是在学校里，有老师来帮我们列举、辨析各种相似的概念。但是我们职场人在自学的时候，往往一本书就讲一个主题，可供对比的东西不多。此时就需要我们自己发挥联想，去找对比材料。实际上这和找类比材料是相同的，对同一个材料，我们去思考其相似性，那就是类比，去思考其区别，就是对比。

所以，如果我们在自己原有的知识结构中找不到好的对比材料，也可以采用与类比相似的策略，要么做主题阅读，要么找朋友来帮你一起思考。做主题阅读的时候，对于同一个主题，不同的书会有很多不同的观点、方法。我们拿这些相左的地方来做对比，会有助于我们对这一主题的理解。而且，有对比我们才能有鉴别，才能分辨出不同书的特点，才能分辨出这些书之间的水平高低。比如市面上能找到的快速阅读方面的书，有的书名气很大，但实际上并不实用；有的书虽然是训练手册型的书，但是重点放在了超高速的高级手法上，部分内容华而不实。市面上几乎所有讲快速阅读方法的书，都没有把速读的神经生理学、认知心理学依据阐释清楚，大多属于经验总结性质，有的还包括不少伪科学。而规范严谨的学术著作，又只讲理论模型和实验数据，不讲具体训练的方法论。如果我不是在快速阅读这一主题下做了大量的研究，自然没有办法去做对比，也就不会发现这些区别。

5.4.5　使用元认知能力

> 如果我们能充分意识到自己的学习者角色，积极监控自己的学习策略，主动评估自己的学习表现，就可以促进迁移。迁移是一个主动的过程，而不是被动发生的。前面我们看到，要促进迁移的发生，需要做大量的解读工作，要使用这些方法，就需要我们运用元认知能力，主动刻意地去运用这些方法。

另外，如果我们读书时有明确的学习目的，有强烈的学习动机，并且所学内容有助于达成我们的目的，那么我们对知识的掌握程度就会比较好，能够将所学知识顺利迁移的可能性也更大。有大量的研究发现，如果学生对所学内容感兴趣，或者能从学习成果中体会到价值感、成就感，可以促使其知识的转移。

5.4.6　知识积累

无论是做举例、类比还是对比，我们都会发现，如果我们原有的知识储备越多，可以用来对新知做加工、理解的素材也就越多。在学习开始前，已有的知识对于新知识的吸收和迁移有决定性的作用。所以阅读的数量与质量同样重要，如果只对少数经典做深度阅读，而没有做数量较多而深度较浅的阅读，就没法积累广泛的知识，在需要做联想的时候，可用的材料就非常有限。我们大脑中的知识丰富了，可以用来理解新知识的素材也就丰富了，如此会进入一个互相促进的正循环状态。

另外，迁移是一个逐渐形成的动态过程，不是一次完成的。随着我们不断地吸收新的知识，对学到的东西不断地演练、实践，我们对所学知识的迁移能力也会提升。

对于职场人来说，有必要重点掌握一些基础性的思维框架，我们在学习新知的时候，就可以用这些思维框架来理解新知。哲学、系统科学、经济学都可以为我们提供应用极为广泛的思维框架。不同的专业领域也都会有各自的一些专业的思维框架。比如对于产品经理来讲，基础的思维框架包括产品生命周期、AARRR、马斯洛需求层次理论等。对于创业者来讲，基础的思维框架包括技术成熟度曲线、产业微笑曲线、精益画布、波士顿矩阵等。

5.5 记忆方法

我们前面已经多次提到，对职场人学习的场景，记忆的重要性不如内化高，但无论如何，我们总会有必要记住一些重要的知识。对于记忆，科学家进行了大量的研究，也发现了很多行之有效的可以提高记忆效率的方法。本书篇幅有限，只能选择一些实用性较强的方法和读者分享。

> 我们的记忆系统，分为工作记忆（也称短时记忆）和长期记忆两个系统，工作记忆也就是我们平时说的"意识"，其中能存储的信息量有限，并且持续时间很短。比如我们要打某个电话号码，拨号的时候我们会记得号码，但是拨号完成之后几十秒或几分钟，我们就会忘记这个号码，这种就是短时记忆。而长期记忆则可以持续很久，而且容量巨大，我们平时说的记忆更多指的是长期记忆；平时所说的遗忘，通常是指我们无法从长期记忆中提取某一信息到工作记忆中。

关于提高记忆效率的方法，下面按照适用的范围和重要程度，依次讨论。

5.5.1 充分的理解

我们的大脑更容易记住我们充分理解的东西，如果我们没有理解一件事的含义，只是死记硬背，就会忘得比较快。不曾深入思考的东西，我们就会很快遗忘，记忆质量取决于我们在记忆编码时的处理质量。实验证明，我们的大脑对记忆材料的处理层次会影响记忆效果。

心理学家鲍尔做过这样一个实验：让被试看简单线条组成的无意义绘画，有一部分人会被告知图片的意义（如一个骑着摩托车的大象）。实验结果显示，被告知图片意义的被试在根据记忆重新画出涂鸦时，结果的正确率（70%）要远远高于那些不知晓图片意义的被试（51%）。所以，对于我们想记住的东西，充分的理解是最基础的策略，为记忆材料赋予整体、连贯、有序的意义有助于记忆。

1979 年心理学家斯坦因（Stein）和布兰斯福德（Bransford），做了如下实验：将被试分为 4 组，分别阅读类似下面的句子，并完成括号内的要求。

- 第一组："高个子男人买了一袋饼干。"（不要求参与者详细阐释。）
- 第二组："高个子男人买了一袋饼干。"（要求参与者自己动脑筋阐释句子。）
- 第三组："高个子男人买了一袋正在打折的饼干。"（句子中加入了无关的阐释。）
- 第四组："高个子男人买了一袋放在货架顶层的饼干。"（句子中加入了相关的阐释。）

每组参与者都会阅读 10 句类似的内容。在随后进行的记忆测验中，参与者需要填出每句话中缺少的形容词，例如：

一个_____的男人买了一袋饼干。

各组参与者回忆的准确率如下：

- 第一组：42%（不要求参与者详细阐释。）
- 第二组：58%（要求参与者自己动脑筋阐释句子。）

- 第三组：22%（句子中加入了无关的阐释。）
- 第四组：74%（句子中加入了相关的阐释。）

"身高特征"与"够得着货架顶层的饼干"之间建立了极为精准的逻辑关系，所以可以提高记忆效果。第四组比第二组回忆效果好，可能是因为大多数情况下人们想出的关联都是无效的。但是，如果人们能想出既准确又相关的阐释，那么准确回忆的概率会高达91%。

如果读者能够使用5.4节讨论的促进迁移的方法对所学材料做充分的加工，理解则会比较充分，这不仅仅有助于迁移，还有助于记忆。一个知识与其他知识的关联越多，记忆提取的时候线索也就越多，我们回忆这个知识就越容易。

5.5.2 记忆提取练习

本章开头提出了一个问题：假如A和B两个人，用相同的时间背诵一篇文章，A朗读了9遍尝试背诵1遍，B朗读了5遍尝试背诵5遍，不会的地方再去看原文。此时来测试两个人的记忆效果，哪个人的记忆效果更好？我们现在来解答这个问题。

关于记忆有一个著名的艾宾浩斯遗忘曲线，这个曲线是德国心理学家艾宾浩斯在1885年提出的一个实验结果。艾宾浩斯遗忘曲线告诉我们，人学完一个东西，20分钟之后就只能记下58%，一天之后只能记下33%，但6天之后还能记下25%，也就是说前面遗忘得很快，后面遗忘得慢。艾宾浩斯是怎么得出这个结论的呢？他生造了一个没有意义的词汇表，比如MEK、POQ，它们全部是一些实际不存在的词，但是每个词都由3个字母组成，并且能拼成一个完整的读音，然后他就自己去背这个词汇表，过一段时间就测一下自己还记得多少。艾宾浩斯的结论符合我们日常对记忆的直觉感受，也就是时间越长忘得越多。现在很多背单词的产品，都说自己是按照艾宾浩斯遗忘曲线来规划单词复习策略的。

但如果我们仔细思考一下就会发现，我们的记忆还有很多不符合艾宾浩斯遗忘曲线的特征。比如，某天你见到了一个多年不见的老同学，没准你会想起十几年前的一件事，你会对当时的很多细节都记得很清楚。比如当时你穿什么衣服，你坐在什么位置，旁边是谁，说了什么，当时的心情等，而你也根本没有做任何复习，平时也不会想起来这些事情。但一旦被某件事情触发，十几年前的记忆就全部被唤醒了。这种记忆现象和艾宾浩斯的研究结论完全不是一回事。这说明我们人的记忆机制实际非常复杂，并不像艾宾浩斯遗忘曲线那么简单。

所以科学家在不断地研究这个问题，在1913年，英国心理学家菲利普·巴拉德也做了一个实验，他先是教了一群学生一首叙事诗，然后5分钟后考一次试，孩子们能记住一些内容，也会忘记一些内容，这不是重点。重点是两天后，他又对孩子们搞了一次突然袭击，再考一次试，结果居然是孩子们的平均成绩提高了10%。又过了几天，巴拉德又搞了一次突然袭击，结果很多孩子的成绩又提升了。这个结果令人震惊，孩子们的记忆竟然在学习之后的几天里自然增加，而且是在没有做任何复习的情况下。这个结论违反常识，而且和艾宾浩斯的研究结论相反，问题出在哪里？

细心的读者可能已经发现，艾宾浩斯研究用的材料和巴拉德是不一样的，艾宾浩斯用的是无意义的音节，而巴拉德用的是有意义的一首叙事诗，看来这两种学习材料的记忆规律是不可相提并论的。但这个还不足以解释记忆效果提升这个神奇的现象。所以后来的科学家又做了大量的实验来研究这个问题。

直到近几年科学家才逐渐揭开了记忆的秘密，美国加州大学洛杉矶分校的两位神经科学家——罗伯特·比约克（Robert Bjork）和伊丽莎白·比约克（Elizabeth Bjork）夫妇，提出了"记忆失用理论"。

> "记忆失用理论"认为：我们人的记忆能力分为存储能力和提取能力两部分。我们的存储能力非常强，而且记忆一旦形成，就只会越来越强，不会减弱。每一件我们刻意交代给记忆的东西都会被存储起来，而且是永久存储。但我们对记忆的提取能力，却是容量有限，并且不断衰退的。我们平时感受到的想不起来，实际只是无法提取，但如果出现了某个提示，提取有了线索，我们就能打开尘封已久的记忆。

根据这个理论，我们要加强记忆，重要的不是在记而是加强提取。我们对一件事情练习提取的次数越多，强度越大，就记得越清楚，俗话说"熟能生巧"就是这个道理。这也就解释了前面巴拉德的实验，也就是说，对学生考试实际是在帮助学生记忆，每次考试都是一次对记忆内容的提取练习，提取练习次数多了，自然记忆就会牢固，所以会出现记忆越考越牢的情况。此时前面提出背诵文章，谁效率高的问题已经不言自明了。想要记忆效率高，多做提取练习，相对于重复输入，效果好得多。

> 这个理论也可以解释在内化阶段我们为什么要增加新知识和自己原有知识之间的连接。一个新知识与已有知识之间的连接都会成为新的提取线索，一个知识关联的线索越多，提取也就越容易。所以我们在做内化时，对新的知识点做联想，不但能帮我们增进理解，还能帮助我们记忆。

5.5.3 分散学习

> 记忆存在"间隔效应"，就是说如果我们把相对集中的学习打散成数次学习，并拉开每次学习之间的时间间隔，记忆效果会更好，而且所需要的学习总时间反而更少，我们把这种方法称作"分散学习法"。

最早发现间隔效应的就是艾宾浩斯，他让自己记忆一组由 12 个无意义音节组成的"音节表"，如果他在头一天练习了 68 次，在第二天再练习 7 次，便可以毫无差错地复述出来。可是，如果拉开每次学习的间隔，在 3 天的时间内总共只复习 38 遍，他也一样能做到分毫不差地复述。

> 众所周知，一曝十寒、考前抱佛脚不是好的学习方法，正确的方法是日拱一卒，这其实就是"分散学习"的优势。当然，分散学习的前提是每次分散的学习都能完成学习任务，如果分得太散，以至于每次时间太短而无法起到学习效果，那也就没意义了。所以，如果我们必须要记忆某个东西时，拉开间距来记忆比一次集中记忆效果好。

对于比较强调记忆的学习任务，如单词、法条、历史事件等，推荐大家使用一个叫作 Anki 的软件（PC、Mac、iOS、Android 平台均有）。此软件内置了记忆曲线，可以帮我们利用间隔效应做定期复习，它的主要功能是闪卡，就是正面是记忆的名词、线索，背面是需要记忆的主要内容，读者可以自己设定卡片内容。

5.5.4　压缩助记法

我们会经常遇到一件事情分为几个步骤或几个部分，需要记下这些步骤或部分的情况。最常用的方法是压缩助记法——把要记忆的大量信息压缩成一个容易记忆的小组块。比如，金庸先生一共有 14 部小说，这些小说可以用"飞雪连天射白鹿，笑书神侠倚碧鸳"这两句诗共 14 个字来代表，只要记住这两句诗，我们就能记起这 14 部小说，这就是一种典型的压缩助记法。再比如，"预通内外"是本书讲的"四步读书法"的步骤，这也是一种压缩助记法。

《上瘾：让用户养成使用习惯的四大产品逻辑》一书讲到，让用户对某个产品上瘾要经过4个阶段，分别是：触发（引起用户注意）、行动（促使用户做出实际行动）、筹赏（对用户的行为给予多变的奖励）、投入（让用户为此投入金钱、时间，这样用户会由于损失厌恶而自我加强对产品的依赖）。怎么记住这4个阶段呢？我们可以把这4个阶段压缩成"触动抽头"这4个字，我把"筹赏"的"筹"谐音成"抽取"的"抽"，把"投入"的"投"谐音成"头脑"的"头"，这样的好处是，我们可以在脑子里面想象一个画面：这本书上放着一个毛线球，毛线球上有一个抽头，我们正在用手去触动那个抽头。你只要记住这个画面就会联想到"触动抽头"这4个字，就可以进一步联想到：触发、行动、筹赏、投入这4个阶段。这个例子我综合运用了压缩助记法和5.5.5小节将介绍的视觉化法。

5.5.5 视觉化法

记忆的另一上策就是为它量身打造一个图像化的形象，因为我们记忆形象要比记忆抽象的概念容易得多。比如，牛顿第二定律的公式是 $F=ma$，我们可以用谐音记忆这个公式，把它想象成"飞马"两个字，F 可以用"飞"字来表示，ma 用拼音拼出来是"马"字，所以牛顿第二定律就成了"飞马"，你可以想象一只有翅膀的马。这种方法的核心是为要记住的东西想象出一个生动的形象，这个形象可以和原来的含义没有任何内在联系，它的目的只是帮助记忆，所以只要生动就可以，最好出人意料、有趣，因为越是奇怪越能让你记得住，所以你可以尽情地去想象怪异有趣的形象。

我们可以把一些常见的记忆元素预先和一些形象建立关联，这样我们要记忆的时候，就很方便组合。比如我们先对0~9每个数字编制几个常见形象，0 是铃铛，1 是衣服，2 是耳朵，3 是山峰，4 是寺庙，5 是跳舞者，6 是奶牛，7 是旗子，8 是酒吧，9 是啤酒瓶。如果我们要记忆明朝建立的年份是 1368 年，那么数字对应的形象就是衣服、山峰、奶牛、酒吧。你可以想象，一件衣服的上面画了一座山，山脚下有一只奶牛在酒吧里。这种记忆法，也需要多加练习才能掌握。

5.5.6 记忆宫殿

记忆宫殿也叫"轨迹记忆法"，是最为久远的记忆术，传说诞生于公元前 500 年。希腊诗人西蒙尼戴斯参加了某次庆典，他在发表了演讲后便离开，没想到他走后，宴会大厅发生了坍塌，有不少来宾死亡。惨剧发生后，很多尸体已无法辨认，这让死者的亲人无法认领尸体。但西蒙尼戴斯发现，他能记得自己离开宴会大厅时大部分来宾就座的位置，从而对遗体的辨认提供了很大帮助。据说，基于这次经历，西蒙尼戴斯便发明了这个记忆术。

这一记忆术需要充分想象整个房间或建筑的细节，然后将需要记忆的对象或信息在想象中放置到特定的位置。当我们需要回忆这些信息时，会想象自己按一定方向、顺序走过这个房间或建筑物，并"拾起"这些对象。据说西塞罗等古典演说家在需要为他的公开演说背诵大段文字时，也经常使用这一记忆术，它特别适合用来记忆特定的顺序。我们要记忆明朝皇帝的年号顺序，就可以这样想象："洪武"放在自己家门口，"建文"放在进门后的地垫上，"永乐"放在衣帽架上……最后"崇祯"放在阳台上。

5.5.7 顺序词法

记忆宫殿继续发展为一种更为灵活的关键词记忆体系，即使用数字的谐音来记忆顺序。我们还用 5.5.5 小节中的数字形象对应关系。假设我们需要记住一张购物清单，其中第一项是"玻璃杯"，那么可以将它与"1"和"衣服"相关的图像联系起来。你或许可以想象衣服上放了一个玻璃杯的样子。如果清单上第二项是"橘子汁"，那么可以将它与"2"和"耳朵"相关的图像联系起来，你或许可以想象橘子汁倒进了一只耳朵里。一般来说，你脑中想象的情景越是奇特，这种记忆术就越有效。而且，如果你需要以特定的序列记忆事物（如一条路线上经过的一系列街道名称），这种方法的效果会尤为显著。

5.5.8 多感官参与法

记忆的另一个重要原理就是，如果我们能调动多种感官参与记忆，就会比只通过记忆文字效果好。

> 我们把要记忆的东西出声朗读出来，比在心里反复读的记忆效果好；我们用手把需要记忆的东西抄写一遍，会比只是读效果好。我们对一件事的提取线索越多，记得就越清楚，那么我们如果能把多种感官调动起来参与记忆，感觉到的线索自然会增加，我们朗读时的声音、抄写时的字形和身体感受，都会成为记忆的线索。

5.5.9 体育运动和睡眠

增强记忆的另外重要的窍门是做体育运动和保证充足的睡眠，这部分将在第 10 章专门讨论，此处只简单提及。科学研究发现规律的运动可以让记忆力和学习能力得到实质性提升，有氧运动和力量训练都会对学习和记忆有明显的促进效果。人的短时记忆转变为长期记忆主要是在睡眠中完成的，所以如果一个人的睡眠质量不好，会影响其记忆的效果。健康的生活习惯除了对身体有益，对大脑也有益。

5.6 内化成效检验

当我们完成了整个反刍内化步骤,接下来,请做一次小测试。有的书会在全书的最后,给出一个"索引"。大多数人会无视索引,但实际上我们完全可以把索引当作对自己阅读成果的测试。我们可以看着索引里的每一个词,尝试回忆这个词对应的含义及在全书中的价值,如果回忆得起来,那说明自己掌握得不错。如果回忆不起来,作者也已经标出了这个词第一次出现的位置,就可以翻书再复习一下。索引其实是作者给我们画出的重点,那里面包含了全书所有重要的概念,值得我们最后认真对待。

然而,大多数的书没有索引,我们则可以用目录代替索引。

> 重读一遍目录,看目录上每一个标题,回想这一部分的主要内容,想不起来的就翻回去,再把这一部分的重点简单复习一遍。如果怕目录中会错过一些关键知识点,我们可以在反刍内化的时候,把一些重要知识点的名称写在一张纸上,反刍之后,拿着这张纸再考自己一次。

为什么要自己考自己?只是为了检验吗?并不是,这实际上是 5.5.2 小节提到的"记忆提取练习",对我们提高记忆所学内容是有帮助的。

5.7 小结

本章主要讨论内化的步骤,在完成通读之后,我们要对自己勾画批注的内容做一次重读。在重读时,不必追求速度,要对书中的重点内容做深度加工。

在加工这些信息的时候,需要把"致用"放在核心位置,采取能够促进将新知迁移到实际工作、生活场景中的各种方法。

我们还讨论了知识在专家和新手那里的区别,要以成为专家作为我们学习知识的目标。

针对不同性质的知识,我们可以采用不同的应对策略。知识可以分为事实性知识、概念性知识、程序性知识、元认知知识。事实性知识和程序性知识要以记忆为主,而概念性知识,需要我们做更为复杂的理解、加工才可以迁移。

促进迁移的方法包括自我举例、抽象思考、归纳类比、对比辨析。无论哪一种方法,其核心都是把新知识从字面的文本含义中提取出来,和我们本身原有的知识网络关联起来,而综合应用各种技巧,需要调动我们的元认知能力。长期的知识积累对于我们完成迁移任务,也有积极的作用。

能够提高记忆效率的方法包括充分的理解、记忆提取学习、分散学习、压缩助记法、视觉化法、记忆宫殿、顺序词法、多感官参与法。另外,做体育运动和保证充足的睡眠也有助于提高记忆效率。

在对所有勾画批注的重点内容做完一遍内化之后,可以使用索引或目录进行一次"记忆提取练习",检测一下自己对全书的把握是否到位。

第 6 章　外化使用

> **学前小测试**
>
> 请在阅读本章之前，尝试回答下列问题。
>
> 1）你觉得我们对知识的使用场景，大概可以分为几类？
>
> 2）你曾经有运用新学的理论，解读或者解决你面对的真实问题的经历吗？是怎样的经历？
>
> 3）你曾经和其他人分享过你读过的书吗？当时感受如何？
>
> 4）你觉得，同一个知识，学过之后教别人一次，或者学习两次，哪个效果更好？
>
> 5）你会写读书笔记吗？如果写的话，你的读书笔记一般是怎么写的呢？

让我们先回顾阅读成效公式：

阅读成效 =
精力投入 × 内容适合程度 × 信息输入速度 × 内化吸收率 × 外化行动转化率

本书的核心观点是，职场人阅读应当以"致用"为原则。我们学习，最终都是要以能够使用作为学习目标。所谓使用，就是把知识从原来书中文字里写的那个场景，运用到真实生活工作的场景中，改变自己的行为，也就是第 5 章着重讨论的"迁移"。我们在前面做的各个步骤都是为了最后实现迁移。本章就来讨论在阅读的最后环节，怎么更好地促进"迁移"。由于这一步要跳出原书文本，要把在上一步中已经内化的知识表达出来、行动起来做演练，让新知影响我们的思想、语言、行为，是真正地在使用这些知识，所以我把这个过程称为"外化"。

在第5章，我们提到《学习、教学和评估的分类学》书中对知识做了分类，此书还将我们的认知过程分为记忆、理解、应用、分析、评价、创造六类。其中记忆、理解是第5章主要讨论的内容，也就是"内化"部分，而应用、分析、评价、创造则是本章讨论的重点，即"外化"的部分。针对不同类型的知识，需要采用不同的认知方法。

6.1 应用

应用（applying）指的是按某种程序去执行，来完成任务。应用又分为两个层级，低层级的是简单的"执行（executing）"，高层级的是"实施（implementing）"。

执行比较简单。比如，我们学习了某个软件的使用步骤、方法，然后照着这个固定的程序去做，就是"执行"。执行的特点是只要步骤都做对，其结果是一个可预期的答案。

而实施相对复杂一些。实施的时候，我们不仅仅要执行，还要做出选择。要先弄明白我们面对的问题的特点，然后选择适当的方法去解决，增加了选择方法的环节。这就要求我们对所学方法的适用范围以及问题的本质，都有清晰的理解。相对于执行，实施有两个特点：一是程序并非固定，中间可能存在多种选择；二是即使把具体的程序都做对,也常常不存在单一的固定不变的结果,尤其是在运用概念性知识时更是如此。

> 如果我们学到的是一个"程序性知识",外化的方式就是"应用"。比如本书介绍的快速阅读技巧,就属于程序性知识,其中最直接的引导手法只要"执行"即可,而跳读、略读策略在使用时需要根据阅读材料的价值做出选择,这就属于"实施"。

6.1.1 立即行动

对大多数人来说,知易行难,知道而做不到往往是常态。很多人认同一个道理之后,并不会真正去践行。对于认同的道理,没有践行的决心,那么之前我们耗费的学习时间就全部浪费了。所以读到这里的读者,请用本书介绍的方法,或多或少实践一下,哪怕能坚持按其中一个方法做,都不算没有收获。训练自己的阅读能力,需要走出舒适区,这肯定会让我们不舒服,但学习从来都是为了让自己能够做到以前做不到的事情。轻轻松松就能做到的事情,往往对我们的个人提升、成为高手的作用也不大。

> 如果已经下定决心,那就一分钟都不要等,因为我们下决心的这个时刻,是动力最强的时候,时间拖得久了,我们的决心也就消散了,最后可能就是无限拖延,不了了之。所以只要是自己能马上行动的事情,就应该把握"当下""现在","立刻"行动。

比如,多年前我读了一本关于时间管理方面的书,了解到列清单是很有效的方法,我放下书就在自己手机上安装了一个清单App,并且放在自己手机的第一屏,以便解锁手机后第一眼就能看到它。从此开始我坚持每天列清单，每天的任务不清空，就会在手机屏幕的图标上一直显示，不断地提醒自己。时至今日，我仍然在坚持使用这一方法。

> 有些方法要求我们定期重复做某些事情，要坚持践行这些方法，光靠脑子记是不行的，全凭自觉，往往最后的结果就是一曝十寒。如果我们决心要定期重复某个动作，就需要给自己设置一个定期出现的提醒。比如，我会在自己的清单App里设置一些周期重复的任务，有的是每天，有的是每周，有的是每个季度，甚至有的是每年，到时候清单App会自动跳出来提醒我。

比如，我看过《精力管理》一书之后，决心每天在工作间隙或休息的时候做拉伸运动来放松，那么我就立刻在自己的清单工具里面设置一个叫作"工作间隙拉伸"的每个工作日重复执行的任务。我在《精益数据分析》一书里看到一个方法：每周回顾上周的业务数据，然后根据本阶段的战略重点列出本周最重要的一两个问题，再根据这些最重要的问题来制订一周的工作计划。我非常认同这一方法，于是我在清单App中立刻设置了一个每周一上午11点的提醒，提醒自己按这个方法做反思，我还把反思的步骤模板，附在这个定时提醒里，每周直接按照模板填反思的内容。

这就是"立即行动"的好处，在下决心的时刻，不要等待，立即把这个决心付诸实施，然后固定下来，坚持住。

6.1.2 想象演练

也有一些方法必须在某种条件下才能使用，而这些条件并不是随时都存在的。比如，我们读了一本关于沟通技巧的书，学到了一个向别人提意见的技巧，这种技巧只能在真实碰到相应情况时才能使用，我们不可能为了演练这个技巧，专门找其他人来批评一下。

> 对于这种知识，我们可以立即在脑子里做虚拟演练，自己在心里想象一个虚拟的场景，设想一下自己在这个场景里怎么运用学到的新方法。有心理学研究表明，在思维中做模拟和实际操作有着类似的效果。比如体操运动员在真正上器械做动作之前，会先在脑子里把自己的动作过程想一遍，这就是在做脑中练习。

6.1.3 刻意练习

很多知识，需要做长期的练习才能顺畅地使用。很多工作对于其核心技能的要求，不是会做，而是能快速、高质量地做好。要达到这样的状态，就需要使用"刻意练习"的方法。在第5章中，我们讨论了专家与新手的区别，其中提到，专家的知识可以做到"顺畅提取"，这实际上是因为专家经过了长期的刻意练习，已经把知识组块化、自动化了。

其实，读者在以后做提高自己的阅读能力的练习时，就可以采用刻意练习的方法。

> 刻意练习的方法，要求我们不仅仅做长期大量的练习，在练习时必须全情投入，同时还要求不能满足于重复现有的状态，必须不断地突破自己的舒适区，全力以赴促使自己提高。做刻意练习，有以下4个要点：
>
> 1）选取恰当的目标与任务。练习的任务不能太容易，简单重复并不能帮我们提高。任务也不能太难，如果难度超出我们当前能力太多，我们无论多么努力都不能做到，就会挫败我们的信心。
>
> 2）建立完善的反馈机制。也就是我们可以即时地评估自己哪里做得好，哪里还需要练习。最好能够找领域专家来帮助我们做出反馈。

3）劳逸结合。全神贯注的练习才能突破自己的极限，这样的练习是非常消耗精力的，所以必须劳逸结合。

4）保持充沛的学习动力。刻意练习经常是枯燥乏味的，需要我们有强大的信念驱动自己前进。也可以设定一些阶段性目标，达到阶段性目标之后给自己一些奖励，来激励自己。

6.2 分析整合

分析（analyze）是指我们将学到的新知识，分解为不同的部分，并且我们可以清晰地理解这些部分之间是如何相互关联，最后形成整体的。分析本身并不能直接独立地产生外化效果，但它是对理解的扩展，是评价与创造的前奏。

在外化阶段的"分析"，与在反刍阶段的"理解"的区别在于，分析是在整体框架下看待部分，而理解更多的是在具体的上下文中。分析虽然要区分出部分，但重点在识别出各个部分是如何形成一致的整体结构，需要对所学做"内容整合"。

> 读完一本书之后，要做好分析整合这项工作，最直接的做法是梳理一个思维导图。做思维导图时，不必涵盖全书中所有内容，只需要参照通读阶段的勾画技巧，选择重要性高的要点即可。而且对每一个要点只要记录其名词、关键字，不必做详细陈述。做思维导图的重点是把要点分门别类地放在合适的位置，把全书中重要内容之间的逻辑关系梳理清楚。详细信息可以通过关键词搜索获取，而且思维导图这种形式的优势在于展示结构、框架，比较形象，所以更适合放短语和图片，不适合放大量文字。思维导图中的要点，也不一定需要按照要点在原文中的顺序出现，应该按照我们理解的内在逻辑顺序，重新安排层级、位置。

当然并不是所有的书读完，都值得做思维导图，毕竟做思维导图要付出的时间成本比写普通的读书笔记更高一些。对内容比较重要，并且内容之间的逻辑关系相对复杂的书，才有必要采用这种办法。对于重要性较低或者内容逻辑简单，一眼就能明了的书也不必强求做思维导图。

6.3 评价决策

评价（evaluate）是依据准则和标准来作出判断。我们学会了判断标准、思考方式之类的知识之后，应该可以运用这些知识去做评价。评价包括核查（checking）和评判（critiquing）两种情况。核查说的是我们能检查面对的材料的内在一致性，比如，其结论是否能从其前提中得出，其数据是否能支持假设，其内部是否自相矛盾等。评判指的是使用所学知识，判断一件事物的优劣，是正面还是负面，哪种方法效率更高等，所以评判也可以称为"判断"。

6.3.1 决策判断

与核查不同，评判的标准并不在对象内部，判断不是针对材料的内在一致性，而是利用一些外在标准来判断一个事物的价值。比如，我们学习了一个原理，并用此原理来决策，从现实中的两个方案中选择某一个方案，但原理并不包括在方案中，这就是判断，重大的判断也可以称为"决策"。对于多数职场人来说，判断是工作中最为重要的部分。

在职场中，决策判断特别是对关键事件、关键问题的判断，比努力重要得多。 往往一个错误的决策判断，会让几周、几个月乃至一两年的努力全部变得毫无价值，这背后往往是几百万元甚至上千万元的经济损失。越是身居高位的人，决策判断失误的代价就越大。

> 对职场人来讲，学习最大的价值，往往是帮助我们在诸多选项当中做出明智的选择。比如，我们学习投资的知识，为的是最后决定把手里的钱投到哪里；我们学习历史、社会方面的知识，最后是为了当我们面对现实的社会问题时，能够选择一个更为明智的行动策略；我们学习自己领域的专业知识，往往是为了当遇到工作中的复杂情况时，还能做出正确的选择。简单的技能型知识，比如事实性、直接的程序性知识，通常在职场早期比较关键，随着职位的升高，其使用场景反而会变少，而决策判断的工作内容会越来越多，越来越重要。一个人的成就的上限，很大程度上取决于他在关键时刻做出的选择。

但是，决策毕竟太重要，在我们使用一个新知识做决策之前，可以先做一些针对现实世界的演练，来训练我们的判断力，这就是 6.3.2 小节要讲的"解读现实"。

6.3.2 解读现实

> 解读现实，就是用我们学到的新知，去理解、分析我们面对的现实世界。

所有的理论，如果我们不去拿它认知世界，它就永远是抽象的、干巴巴的，我们真正拿它去面对纷繁复杂的现象世界的时候，它才真正活起来。解读现实，和第 5 章讲的"举例""类比"有些类似，只不过是把其中联想的对象限定到自己面对的现实情况上。我们所举的例子，不再是历史上的案例，而是我们同时代的案例，我们亲身经历的事情、亲眼所见的事情、发生在我们身边的事情。

> 书里的新知可以用来解决什么现实问题，无论在通读、内化还是外化阶段，都是最重要的核心。学习新知，必须平时多做解读现实的思考演练，这样真正面对现实问题需要做决策的时候，我们才可能有效地去运用知识。

比如，丹尼尔·戈尔曼的《情商》一书里讲到，男性和女性在情绪管理的策略上有差别，当夫妻发生矛盾的时候，男性倾向于回避冲突，更关注引起冲突的实际问题；而女性则倾向于直面冲突，看重的不是解决实际问题，而是配偶在冲突中的态度；双方的这种错位会造成冲突的升级。通常是妻子直接提出不满，但丈夫一般会觉得，要解决那个直接的问题很容易，没有必要发这么大的火，所以不愿意直接回应，会选择沉默。而妻子看到丈夫的沉默，会更加愤怒，开始批判丈夫。此时，无论丈夫做辩护还是继续沉默，妻子都会感到沮丧，然后妻子就会对丈夫表现出轻蔑。而丈夫会感到很无辜，于是开始生气反击。这样事情就会进入对抗升级通道。这一理论，用来解释我和妻子之间发生争执的情况，是非常贴切的。在阅读《情商》一书之前，当面对夫妻争执时，我关注的总是争执具体的起因，并没有意识到这种对抗升级本身暗含的内在逻辑，我还曾以为这种对抗升级是我们夫妻争执的特有情况。但读过《情商》之后，我才明白原来这是世间夫妻相处的普遍情况。有了这种解读，之后我和妻子再发生争执的时候，心态就会比较平和，我知道，那其实只是男女天生对情绪的控制策略不同而已，并不是什么严重的冲突，不必动怒。这本书还给出了面对这种情况的具体应对建议。这就是用书中理论解读遇到的现实问题的例子。

6.4 创造输出

创造（create）是将所学的要素，整合为一个内在一致或功能统一的整体，这里强调的是综合、统一，而不是原创性和独特性。"理解""应用"和"分析"虽然也有整体和部分之间的关系，但它们主要是在整体中关注部分，而到了"创造"，就必须从所学材料之外的多种来源，抽取不同的要素，然后生成一个新的、完整的结构。

6.4.1 内容输出

我们读书之后，想做一次"创造"，比较简便的方法就是做一次内容输出。如果一本书给我们带来的收获比较大，可以写一篇书评或读书笔记，然后发到各种平台上去，或者做个 PPT 找时间和周围的同事、朋友讨论。如果有参加读书社群的话，分享到社群也不错。如果一本书给我们的收获不多，当然不值得我们花很多的时间来写书评，我们可以简单发一条微博或朋友圈，写 100 字左右的简评即可。我们还可以和自己的朋友聊一聊这本书，用自己的话把自己认为最重要的收获向其他人简洁地表达出来。

> 做一次综合的输出，对于提高我们运用知识的能力有非常大的帮助。因为输出的成本远远高于阅读，所以我们不可能做长篇大论的输出，这就要求必须选出一本书里我们认为最重要、最精彩的部分来输出，这是最后一次去粗取精。一本书读完，多数情况下我们不会再读第二遍，那一年以后我们还能记得这本书里什么内容呢？那个时候所有的细节我们可能都已忘记，只能想起一点点核心的精华梗概。那么选择哪些部分，进入我们的长期记忆呢？用输出来"倒逼"选择就是不错的方法。实际上，一年后我们想起这本书的时候，能够回忆起来的内容，往往也就是当下我们选择输出的内容。

在做这次输出时，请务必不要照抄原文，要用自己的语言做简洁的、通俗易懂的表达。能做出这样的表达，前提是我们已经真正把所学的知识融会贯通，否则根本不可能用自己的话讲出来。做这种表达既是对我们学习成果的检验,又是在帮助自己整理所学的内容,做实际运用的演练。

如果我们的输出收到了别人的反馈,那就再好不过了。因为赞成的意见可以让我们看到自己输出的价值,体会到学习的快乐。不同的意见,正好可以帮我们从另外的角度做深入思考。不要怕被别人批评,拍砖的人都是在帮助我们进步。

这个做法也被叫作"费曼技巧",由美国著名的理论物理学家、诺贝尔奖得主,理查德·费曼提出。简单地说,费曼技巧就是我们在学完了一个东西之后,要尝试用简单的方式将它讲出来,如果能给一个 9 岁的孩子讲明白,就说明我们彻底懂了。

2014 年发表于期刊 *Teaching of Psychology* 的一篇论文:*Active processing via write-to-learn assignments*:*Learning and retention benefits in introductory psychology* 提及,研究人员安排 800 多名学习心理学导论课程的大学生参加了一次实验。实验是这样的:在某一次讲座中讲述过某个重要概念后,教师先要求学生们自行就核心观点写出书面总结,可以用自己的话重述概念,并通过举例子的方式对概念进行细化阐释。对于同一次讲座中涉及的其他重要概念,教师则让学生们花几分钟一字不差地从教学幻灯片中抄录重要观点与例子。

之后研究人员安排了一次考试,来评估学生们对此前学习的重要概念的理解。结果发现,对于学生们用自己的话撰写书面总结的概念,学生的得分要远高于只照抄原文的概念。8 周半之后,研究人员继续安排测验评估记忆效果,结果显示虽然记忆效果有所下滑,但自己写出总结的记忆效果仍然好于原文照抄的效果。

6.4.2 以教促学

多项心理学研究表明，在教别人某项知识的过程中，教者获得的收获往往更大，这就是"以教促学"。

蔡斯等人［蔡斯（Chase），秦（Chin），奥佩佐（Oppezzo）和施瓦茨（Schwartz），2009］的研究表明：学生为他人而学要比为自己而学更加努力。他们在研究中发现，学生如果是为了教别人而准备课程，会比为自己而学多花费近一倍的时间。大部分"老师"都会对自己的学生产生强烈的责任感，希望他们能表现得优异。扮演老师的学习者还希望能展现出自己有能力的一面，毕竟如果上课的时候讲得不好会非常丢脸。这往往会让学习者处于兴奋状态，高度集中的注意力与高度唤醒的意识也都有助于学习。

教别人所带来的益处尤其体现在，对那些必须将知识融会贯通才能解决的综合问题的处理上［本维尔（Benware）和德西（Deci），1984］。这是因为老师在备课时，必须要充分思考讲解的内容以及相应的合理展现方式。"老师"肯定会在意学生的感受，在意自己的讲述是否到位，用什么样的表达方式能够更好地让学生理解。为了在讲课时能够对知识点信手拈来，就需要把知识整合到一个完整的框架体系中去。同时，"老师"还需要为学生可能提出的千奇百怪的问题做好充分准备。教学实际上是为运用知识设定一个实际的场景，让我们有机会在这个场景中去做演练、实践。

所以，如果您读完本书，感觉受益匪浅，一定要找机会和周围的小伙伴分享这本书，通过教他们阅读法促进自己的学习。

6.4.3 笔记导出

在技术层面，无论是电子书还是纸质书，都可以在笔记类软件（如印象笔记）中写读书笔记，这样便于未来检索。如果是电子书，可以把我们勾画、批注的所有内容，全部导出到笔记类 App，这样方便未来检索（第 8 章将详细讨论）。常见的阅读类 App 也都有一个"导出所有笔记"到印象笔记的功能，比如当当云阅读 App 就有这个功能，点击"导出笔记"按钮即可。

完成导出勾画、批注之后，可以在这些摘录、导出内容之前，加上自己的书评。注意是在内容最前面，而不是后面，这样未来我们再翻看笔记的时候会最先看到自己的总结。我还会把这段总结文字转发到朋友圈或豆瓣之类的网站上。

纸质书无法导出勾画、批注内容，只能自己把书里最核心的地方简单摘录一下。对纸质书做摘录，千万不能求全求多，必须择其重点。对自己感兴趣的细节，可以用简练的语言概括一下。同时还请注意标注出原文所在的页码，以及本段内容在勾画时的优先级。

6.4.4 反思、纠错、发展

读完书，还需要做实践新知之后的反思、纠错，当然这阶段的工作已经不再属于阅读的一部分，所以此处不做详细展开。书本知识无论我们学得如何好，真正应用到实际中，肯定会遇到各种异常情况和各种麻烦。我们学习的最终目的是"学以致用"，如果我们已经掌握了方法，在实际情况下，可以不拘泥于原来方法的细节，以解决问题为第一要务。这样实践之后的反思、纠错，是很有必要的。

> 一个道理到底对我面对的实际情况管不管用？用的时候哪里有偏差？自己对知识的掌握、理解到不到位？怎么把这个方法改进得更符合自己的实际情况？或者这个方法是不是言过其实，可以抛弃？这些问题都值得我们事后去总结反思。我们自己改进，实际是对原有知识的创新。摸索出自己的方法，那才是最适合自己的情况、效率最高的方法。

本书的内容就来自我不断的阅读、思考、探索。读者掌握了这些技能，融会贯通之后，完全可以把我书里介绍的内容丢到一边，去发展自己的方法。到了那时候，如果你还记得我，欢迎去我的公众号"学习黑客"（ID：stuhacking）留言，把你的新知分享给我。

6.5 小结

本章我们讨论了如何做"外化使用"，也就是真实地去使用学到的新知识。按照认知维度，知识的外化使用可分为：应用、分析整合、评价决策、创造输出四类。

在应用层面，如果我们确定要使用某个新知，最好能趁着自己决心最大的时候，立即行动。我们还可以通过想象练习来模拟一些需要特殊情景才能使用的知识。有些知识需要做长期的练习才能掌握，此时就需要使用刻意练习的方法。

在分析整合层面，主要是讲我们需要对所学知识做结构梳理，要能够区分其组成部分以及各个部分之间的关系。做思维导图对于掌握结构复杂的知识特别有效。

在评价决策层面，主要是做决策判断，为了让决策更加准确，我们可以先用解读现实的方法，来对知识做综合演练。

在创造输出层面，就是要把所学内容融会贯通，综合运用所学的各种知识，构建我们自己的东西。最简单的创造就是内容输出，这也是对所读著作的最终提炼和演练。另外，别忘了摘录、导出自己的读书笔记。最后，我们有了对所学知识的实践之后，一定记着反思、总结、改进，乃至创造出最适合自己的方法。

6.6 四步读书法总结

至此，关于如何阅读一本书的"四步读书法"，全部介绍完了。本方法的核心理念是：职场人阅读应以"致用"为核心，具体分四步，分别是预读、通读、内化、外化，可以用4个字来压缩记忆它，即"预通内外"。

- 第一步预读：简单了解作者背景、成书背景；仔细阅读目录、前言；然后迅速翻阅全书，只看标题、粗体、配图，不看细节。
- 第二步通读：速读全书，使用快速阅读技巧。阅读时按内容的重要程度，主动控制速度，对非重点部分可以使用略读、跳读策略。按对自己有用的程度区分轻重，找出重点，做好勾画批注，勾画可以分1、2、3级，用不同的颜色或不同的记号表示。
- 第三步反刍内化：要把勾画批注的重点，再反过头来细致地重读一遍，此时的重点是理解。针对不同类型的知识，应当采用不同的应对策略来促进记忆和迁移。促进迁移的各种方法，其核心都是把新知识从文本含义中提取出来，和我们原有的知识网络相连接，为把新知迁移到自己真实的使用场景做准备。还有一些提高记忆效率的方法，也值得大家尝试。在内化环节最后，可以使用索引或目录，对自己的阅读效果进行一次检测。

- **第四步外化**：去实际操练、使用知识，把新知识迁移到自己的生活、工作的实际场景中，包括应用、分析整合、评价决策、创造输出四类认知过程。记得最后导出笔记或摘抄核心重点，并且写概要书评。

这就是"四步读书法"。**真正的学习，我们需要关注的重点，不是原文是怎么写的，而是对新知本质的理解和掌握，再举一反三，灵活运用，能迁移到自己的实际运用场景中才是目的。**本书的理念是"学以致用"，知识只有在被我们理解消化之后，经过我们的实践验证，才能最终体现出价值。

最后讲一个故事来结束这一部分。《魏略》里记载，诸葛亮年轻的时候跟徐庶等一些好友一起读书。这几位好友，读书时都追求"务于精熟"，只有诸葛亮读书是"观其大略"。就是说诸葛亮读书，不纠缠在细枝末节，而是跳出书本，带着思考去把握书里面的精要。诸葛亮的方法是不是和我们介绍的方法有相通的地方呢？

第 7 章 阅读内容选择

> **学前小测试**
>
> 请在阅读本章<u>之前</u>,尝试回答下列问题。
> 1)你觉得对什么样的书应该精读,什么样的书随便看看就可以了?
> 2)你觉得自己现在所读的书,和2年前、5年前读的书在类型上有什么不同?
> 3)你曾经在同一主题下连续看过多本书吗?感受如何?
> 4)在决定是否要买一本书的时候,你会考虑哪些因素?
> 5)你喜欢读电子书还是纸质书,为什么?

让我们回顾阅读成效公式:

$$阅读成效 = 精力投入 \times 内容适合程度 \times 信息输入速度 \times 内化吸收率 \times 外化行动转化率$$

阅读成效公式中的后3项我们在第 2~6 章已经讨论完毕,本章将讨论"内容适合程度"这一部分。

> 选书的水平,比阅读的速度、阅读的方法对学习成果的影响更大。无论我们阅读的速度有多快,书如果本身不合适,阅读成效就不会大。而选书这个环节,需要消耗的时间并不多,往往只需要几分钟就可以判断一本书是否值得一读,所以提升选书的水平,是阅读的整个过程中,投资收益率最高的部分。选书如同1,读书如同0,没有这个1,再多的0都仍旧是0。

第 7 章
阅读内容选择

作为"在行"上的行家，我与近千位职场人一对一沟通过读书的问题，在交谈过程中，我发现目前职场人选书时遇到的最大的共性问题，是不能根据自己个人的实际需求选书。

在本书第 1 章，我们已经讨论过"开卷不一定有益"的话题，也就是说选书不能完全凭感觉"随兴趣阅读"，如果只是跟着自己一时兴趣去选择读书，其实收效是非常有限的。因为兴趣是多变的，一时兴起，也会一时兴尽，兴尽之后可能就是无法读完。所以随性读书，最后往往是不成系统，所读的内容互相缺乏关联，无法形成互相印证、连接的整体，在外化使用时也就很难发挥出作用。当然我们也经常会由于纯粹的放松精神去读书，但这种阅读目的是很明确的"休闲"，而不是漫无目的地随机游走，而且这种阅读的比例也不应该太大。

有的人是听说什么书好，就去读什么书。有的人是听到某个新概念、新名词、新领域，觉得周围人都在说，唯恐自己落伍也要去追，哪怕对自己的未来和成长并没有帮助。先不说各种"知识付费"类的产品，单就读书而言，现在各个达人也会推荐各种书单，还有不少专门以向大家推荐书为主业的节目。这些被推荐出来的书或课程，往往质量不错。但这些书的内容虽然高、大、上，却对我们自己实际的工作和生活没有多少帮助。比如一位约我聊阅读的朋友，十几岁就出来打工，闯荡了 10 年还没有找到自己安身立命的职业，但他之前花了不少钱和时间学"精英日课""硅谷来信"之类的课程。学习固然比打游戏有意义，这些课程本身也没有什么不好，但是这样学习就是典型的选错了重点，在没有掌握核心能力之前，把主要精力投入到拓展类知识的学习上，就是本末倒置，是低效的，好在他已经意识到这个问题。

我把这类阅读称为"随别人阅读"。如果我们在读书的时候，太多地被他人推荐所影响，那就丧失了阅读的主体性。请记住，这些推荐，有的其实是一种广告形式，一种营销策略，这些书并不一定适合自己。每个人都有自己面对的独特问题，每个人的时间和精力是有限的，人生也有涯，而知无涯，我们不可能把所有的好书全部读完。因此选书的时候，不能只看书本身的绝对价值，应该优先考虑书对我们自己的相对价值。

还有不少人会有"干货饥饿症"的行为：硬盘上收藏了一堆文件没时间看，但继续囤积；收藏夹或者笔记里，保存了大量文章，但实际上自己都没有看过；遇到图书打折就大批囤书，但书到手之后只在书架上摆放着……现在不是一个信息匮乏的时代，反而是一个信息过剩的时代，我们如果要找一本书、一篇文章，现在是很容易的，与其把这些资料囤积在自己的硬盘上，贪多求全，不如等需要的时候再去寻找。

7.1 不同类型的阅读：精读、泛读、闲读、摘读

我们在本书开头已经讨论过"阅读目的是决定阅读收获的重要因素"这个道理。阅读要有收获，首先是依据阅读目的对书做划分，对不同的书采用不同的策略。"学以致用"是我们的核心理念，所以也应该依据不同书的"用"来进行划分。

按照书对我们的作用，我把书大致分为4类（见表7-1）。

表7-1 书的划分

类型	内容特征	阅读方法	阅读策略
核心类	直接决定我们工作效能、生活效能的书，如本专业的经典著作	精读	按四步读书法读一遍或多遍，并做丰富的输出
拓展类	有一定启发、参考价值，但对我们自身的影响不大，如文史哲类的书。或者主题与我们自身关系密切，但书本身水平一般	泛读	按四步读书法读一遍，可略读、跳读

(续)

类型	内容特征	阅读方法	阅读策略
休闲类	阅读目的纯粹为兴趣、娱乐，不期待有任何实际功效的书，如小说，或自己的兴趣爱好	闲读	不必追求速度，随心就好
手册类	相关信息的收集罗列，或各种操作步骤的集合。如字典、百科全书、技术手册等	摘读	不必通读，了解内容类型、内容的结构、格式，要用时再查找即可

7.1.1 核心类书

核心类书指的是其书的水平较高，且其内容领域属于直接决定我们的工作效能、生活效能的书。所谓"决定工作效能"，是指这些领域的知识能力水平，可以决定我们在社会上的核心竞争力。通俗地说，就是我们要靠这些知识能力吃饭，我们在这些知识能力上的水平直接决定我们的收入、职位、阶层。所谓"决定生活效能"，是指这些领域的知识能力水平，可以决定我们的家庭是否和谐幸福，我们的人际关系、社会关系是否融洽有效。

此类书，优先指的是我们行业领域内的专业著作，每个行业、每个岗位的核心技能不一样，书目也是不一样的。比如对一个产品经理来说，那就是产品经理专业领域内的书，包括产品方法论、用户体验、交互设计、数据分析、互联网行业的新趋势、微观经济学、社会心理学、认知心理学等。对一个创业者来说，那就是管理学、企业战略、市场分析、创业方法等。所以请读者自己仔细想想，自己的核心技能是哪些，这些领域的经典著作自己都好好研读过了吗？如果没有，是否应该优先读一下这些书呢？

新入某一行业的读者，可能比较容易接受上述观点。但工作有一段时间的读者可能会说，我在这个行业的工作经历已经不短，虽然没有研读过这些经典专著，但并没有感觉影响到我的工作，真的有必要读这些书吗？

我认为，是否要去读这些书，最终还是要从自己的实际需求出发。我们可以经常反思一下：

- 自己在工作中是否遇到了瓶颈？这些瓶颈是否可以通过加强我们在某些专业领域的技能得到突破？
- 自己的工作表现是否已是完美无缺的？如果自己的工作还有提高的空间，是否可以通过研读相关专业的专著，帮助自己提高工作表现？
- 自己周围是否有绩效比自己强的同事？自己和他相比，哪方面需要提升？是否可以通过阅读提升自己的能力？子曰：见贤思齐焉，见不贤而内自省也。

如果一个人看不到自己的短板，当然没有学习的动力，这也就是很多人进步慢的主因。同时，在这个高速发展的时代，我们入行时间越久，可能意味着我们的知识结构越陈旧，不涉入新的知识是相当危险的。

除了专业领域的书之外，我们要在这个社会上立身处世，还必须具有很多通用能力，比如沟通能力、情商、领导力、学习能力、决策判断力、时间管理能力等，这些也需要我们去判断其对自己的重要程度，哪些是我们需要纳入自己的核心能力之中的。比如，对于一名普通的程序员来说，领导力不是其核心能力，但对于一位研发部门的主管来说，领导力则是其必备技能。

同理，我们每个人，除了是一个职场人之外，还是一个家庭人、社会人，处理好这些社会关系对我们也是重要的。所以，如果你已经为人父母，那么育儿类的书也应该属于你的核心类书。如果你在恋爱中，或者已婚，那么亲密关系方面的书也是值得作为核心类书来读的。

总之，我们自己的实际需要是选择哪些书是自己的"核心类书"的最终标准。那些阅读之后，对于自己解决当下的工作、生活中的问题，提升自己的工作效能、生活幸福感有直接作用的书，就属于"核心类书"。

对于核心类书，我推荐的读法是"精读"，也就是用"四步读书法"完成第一遍阅读。四步做完之后，再选择重要的章节、段落重读几遍；对于特别重要的书，甚至可以选择重读全书，以确保自己对全书的把握到位。精读，一定要做比较丰富的输出，比如写一篇读书笔记发在豆瓣或者自己的朋友圈，或者在同事之间做一次分享，或者画一张思维导图、做一个PPT在学习类的微信群里分享一下，等等。总之，要用较为丰富的输出，来促进自己对重点知识的掌握。用精读的办法读书，虽然速度会慢，但一来值得精读的书不会太多，二来作为我们知识结构核心的书，多花些时间彻底掌握，是值得的。

7.1.2 拓展类书

大多数非虚构类书都可以归入"拓展类"，这些书其内容领域有的对我们的工作、生活有一定价值，但直接影响不大，比如文史哲类图书；有的虽然和我们的直接关系较近，但内容水平一般，真正有价值的东西不多，其核心内容可以仅总结为几页纸。对这种"拓展类书"使用泛读的方法即可。

所谓"泛读",就是指使用前文介绍的四步读书法读一遍,并且只读一遍,在读一遍的过程中,在适当的时候,别忘了还可以使用略读、跳读的技巧,这样阅读速度比较快。实际我们日常所读的书,归于"拓展类"的居多。

读书最大的误区就是把书的类型弄混,在该做泛读的书上花了太多的时间,而该做精读的书却做得不够。在本章开头我们讨论过,"随兴趣阅读""随别人阅读"都属于这种错误。

那我们能不能不做泛读,只做精读呢?我认为不能。因为精读毕竟慢,只精读的人阅读量必然少,知识范围就有限,时间长了就会有视野狭窄的问题。我们前面讨论过,大脑中的背景知识库对于学习新知识是非常有价值的,大脑中能够用来联想、类比、对比的知识越多,我们对新知识的理解、掌握就越容易。我们做泛读,其实是在慢慢地拓展自己的背景知识库,虽然从眼前看,泛读对我们的价值不直接、不明显,但未来这些知识都有可能成为我们学习其他新知的线索。况且创新是价值的源泉,我们如果想要创新,就需要增加自己跨界的知识,让异质的知识在自己的大脑中"杂交发酵",这自然要求我们多了解一些其他领域的知识。总结为一句话,广度不够让人闭塞,深度不够只得毛皮。

7.1.3 休闲类书

我们也会读不少纯粹是为了兴趣、不期待有任何实际功效的书,这类书就属于"休闲类",也就是所谓的"闲书"。闲书主要分为两种,一种是文学作品,一种是个人爱好领域的普及型读本。

除非读者是专业文学家,否则我们读小说、散文、诗歌等虚构类作品，主要是为了消遣或陶冶情操。人不能不娱乐，长期生活在压力中，人的效率会大幅降低，所以哪怕是从效率的角度讲，人也必须有休闲放松的时间。对喜欢读书的人来说，看闲书就是很好的休息。除了休息之外，读小说还可以引导我们从人物角色的视角去理解世界，这有助于提高我们的同理心。读古典小说，可以帮助我们理解故事发生时代的生活；读外国小说，可以帮助我们了解异国的文化、历史。从故事里我们获得的体验比从学术著作中获得的丰富得多。

一个人至少要开发一种业余爱好，不为任何实际功效地玩。没有这样的爱好，我们就会感觉找不到精神依托，我们的人生会很无趣，会更容易感到心理上的疲惫。而看闲书正是我们发展自己业余爱好的机会。阅读可以把我们从现实世界中暂时抽离出来，进入纯粹的精神世界，而精神世界可以为现实生活赋予意义。

读闲书，当然应该用闲读的方法，没必要太过花精力，只要看着舒服即可。读的时候不必追求速度，用心去体会即可。将自己感兴趣的部分朗读出来，或者反复阅读、细细品读都可以，不必在乎速度；而对不感兴趣的部分可以跳读、略读；如果实在觉得无聊，随时放弃都可以。

唯一的小建议就是我们可以在玩的时候，选择玩得有点品位，与其看爽文小说，不如看有点深度的小说，因为毕竟我们阅读的所有东西最后都会成为记忆的一部分，会潜移默化地影响我们的行为。

看闲书，实际上是发展我们想象力的机会。我是科幻小说爱好者，国内外主流作家的科幻小说，先后看过三四百部。我为什么喜欢看科幻小说呢？主要是因为我非常喜欢进入幻想空间，喜欢想象力奔放出来的感觉。而我在价值观上又偏科学主义、工业，所以相对于其他幻想文学，我更喜欢科幻小说。而且，作为一个互联网产品经理，经常需要考虑的就是把新的技术运用到现实中来，创造出新的、现在还不存在的产品。这其实和写一个近景的科幻小说很像。一项技术如果能在 5 年之内实现，那就应该是产品经理去思考的问题，如果需要 5～20 年才能实现，那应该是科学家思考的问题。如果需要 20 年以上才能实现，那就是科幻作家思考的问题了。

7.1.4 手册类书

最后一种是手册类书，很多书其实属于信息的收集罗列，或者各种操作步骤的集合，最典型的这种书就是字典、百科全书、技术手册等。对于这种书，其实没必要通读，我们只要知道里面大概有什么类型的内容，以及内容的结构、格式，用的时候去查找即可。

这种书往往是大部头的鸿篇巨制，千万不要花时间通读，因为里面很多信息是我们永远也遇不上的，特别是在互联网时代有搜索引擎，还有各种信息管理工具，我们更没有必要通读这些内容了。

实际上，虽然有一些书不属于手册类，但整本书中对我们有价值的信息也许只有几页、十几页，对这样的书也可以使用摘读的方法。我们可以通过目录定位到某些章节，然后使用扫读的方法找关键字，准确定位到关键部分，再详细阅读。

7.1.5 类型划分并不绝对

上面对书的区分也并不绝对，特别是核心类、拓展类、休闲类三类书之间，是可以互相转化的。有时候我们作为泛读打开的一本书，读过之后觉得收获颇丰，于是决定将其上升为精读，再认真读一遍。

有时候，我们本来打算精读的一本书，读过之后觉得不过尔尔，决定泛读一下即可。有时候，我们长期去钻研一项业余爱好，以至于在这个领域越来越专业，甚至最后从爱好变成自己的第二专业乃至职业，这种情况下同样的一本书就从休闲类变成核心类。而如果我们的职业、角色发生了转变，原来的核心类书也可能变成休闲类书。

比如现在提起雷军，一定会想到他是小米手机的创始人，是做手机的。但实际上，雷军职业生涯的前半程一直在做软件，他研究手机一开始只是因为爱好。

7.1.6 不同时期的重点应该不一样

做了分类之后，我们还应该思考自己当下的情况。对于处于职业生涯早期或处于转型期的人来说，专业知识能力方面会比较缺乏，这时候最应该读核心类书。等我们在专业知识上的学习基本完成之后，职业会进入一个相对稳定期，我们的专业能力已经能比较好地适应当前的工作、生活。此时继续一味钻研核心类书，反而收益会下降，这时候读行业内的前沿论文或行业内的最新专业文章、报告，收益会更大。当然，如果行业内出版了新的大作，也需要即时更新自己的认知。这个阶段，我们寻求的不再是"胜任"，而是"提升"和"创新"，那么这时候，读拓展类书会更有收获，因为此类书可以帮我们找到新的思路，开辟新的发展空间。如果这个顺序弄反了，在专业能力不足的时候花太多时间做拓展类学习，我们会发现，自己学了很多东西，却没什么用，这反而会打击自己的学习动力。

有时候，我们工作压力很大，身心比较疲惫，此时，读难度比较大、需要付出比较多的心智资源的书，往往会看不进去。这时候还不如读一些休闲类的书，放松一下精神。当然在这种情况下，不读书，或者干脆睡个好觉也是不错的。也有时候，我们会发现最近看的闲书比较多，给大脑的挑战性不够，大脑需要高密度的信息刺激，那就适合看一本比较有挑战性的书，激活大脑。

7.2 主题阅读

选书光看分类还不够，还需要选主题。对于选书来说，最重要的经验就是做"主题阅读"。所谓主题阅读，是指读书的时候，不是东一本西一本地乱看，而是先选一个主题，然后选择这个主题下的多本书，并且在一个相对比较短的时间段内把这些书全部读完。

比如我每年在年初的时候，会集中看一些学习方法论方面的书，此时选的主题就是学习方法。我大概会花三四周时间连续看十几本关于同一主题的书，有的书会采用精读方法看两三遍，有的书采用泛读方法只看一遍，这就是典型的主题阅读。

7.2.1 主题阅读的价值

使用主题阅读的方法，有如下好处。首先，我们可以对同一个主题有更充足的了解，可以让我们从不同的角度看待同一个问题。不同的作者讲同一个主题，有的观点是互相印证的，有的观点则是相反的，甚至针锋相对的。这样我们就会比只看一本书获得更全面的信息，我们对这个主题的了解也会更透彻、更立体，效果如同四步读书法中做内化的时候用阐释、类比、对比得到的效果。

其次，不同书里互相印证的地方，其实是在帮我们做复习，不断重复出现的东西可以加深我们的记忆。不同书中有互相矛盾的观点，是锻炼我们思辨能力的好机会，我们可以仔细推敲为什么会有这种不同，到底哪个说法更有道理，哪个说法更符合自己的经验或自己的使用场景？或者我们是否可以提出一个新观点、新方法？想清楚这些问题，往往比阅读本身更有价值，这样我们的知识才是鲜活的，才更有助于未来的使用。

最后，做主题阅读有一个非常大的好处，就是省时间。我们读到后面会越读越快，因为我们对一个领域的积累越丰富，对同一领域的内容也就理解得越迅速，毕竟复习比重新建立模型要快得多。我们在本书前面已经讲过，影响阅读速度的第一个因素就是我们在这个领域的知识储备。

如果我们回忆学校生活就会发现，主题阅读的方法就是我们在学校里写论文时常用的套路。写论文的基础工作就是做主题阅读，先选一个题目，再把这个题目下所有能找的重要材料都研究一遍，接下来融会贯通、综合思考，提出自己的观点，然后可以开始自己探索了。离开学校之后，这个方法仍旧可以使用。我们在工作生活中遇到问题时，也可以通过在问题所在领域做主题阅读来解决。这一套路还可以推广到行业研究、产品研究中，如果我们把同一细分领域内的主要公司、主要产品都集中调查研究一遍，大致就可以得到对这一领域的深入了解。

在一个领域做过主题阅读之后，我们基本有了判断一本书在这个领域水准的能力，而且不需要依靠任何第三方信息。如果我们在一个领域只看过一本书，是没有比较的，作为初学者，对作者讲的内容的水平很难有所判断。这时候我们往往只能看书评、看评分等，也就是依靠第三方来决定一本书。但读过多部同一领域的专著之后则完全不同，我们看看书的目录、前言，就基本上可以判断其水准，以及是否适合自己。

7.2.2 如何选择主题

讲完了主题阅读的好处后,接下来的问题是我们应该怎样选择主题?

按照本书"学以致用"的核心理念,我们可以先评估一下,当下这个时刻,学什么对自己是最有用的?我现在这个时刻的瓶颈是什么?注意是当下这个时刻,我们先不要考虑太远的问题,为什么?因为只有当下我们最迫切想解决的问题,才最有动力去研究。比如,假设我最近最头疼的是发现自己的时间管理做得不好,经常拖延,效率不高,那么我就应该研读"时间管理"或者"精力管理"这个主题。如果我最近要去面试,找工作,发现自己面试的时候总是发挥不出自己的能力,那么我就应该研读"面试技巧"这个主题。

对于刚刚开始练习做主题阅读的人来说,能够尽快地从阅读中产生收获感,进而提高自己的阅读兴趣,再继续阅读下去,进入正反馈循环,是最重要的事情。特别建议这样的读者选择那些马上能解决当下最头疼问题的主题,因为我们做一次主题阅读通常要花2~4周高强度地研读同类著作。完成之后我们会发现,自己在此主题内的功力在短时间内大幅提升,我们的问题如果真的能因此得以解决,就会有强烈的成就感,这就很容易形成正向反馈,激励我们继续读下去。养成阅读习惯,会对我们的持续成长有巨大益处。如果我们一年能坚持做四五个主题阅读,就能很快把自己在工作、生活中遇到的知识瓶颈一一解决,用不了很久,你就可以在知识上"秒杀"周围的同事了。

有读者可能会说："我也不知道自己现在的瓶颈在哪里，自己好像没有什么迫切想解决的问题。"这种情况，我建议读者找身边的高手寻求一些建议，比如同行里自己很认同的专家。⊖ "读万卷书不如行万里路，行万里路不如阅人无数。"我认为，所谓"行万里路"其实是指实践，也就是读书要和实践结合，而"阅人"实际是指要和高手切磋、探讨，和有不同知识背景、思维方式的人交锋，这样可以突破我们的个人眼界。与人直接切磋相对于读书，优点在于可以互动，我们可以向高手直接提出自己感兴趣的问题，并得到答案，还能不断追问，这样的信息获取效率非常高。我们还可以把自己的猜想、思路、观点直接抛出，让对方批评，获得直接的反馈，这也是单向的阅读无法带给我们的好处。而且有很多内幕信息是不会出现在任何公开资料中的，最前沿的知识，往往还来不及出版或发表，这些都只能通过与高手交流的方式获取。

如果我们进入某个行业或任职某个岗位不久，想要迅速掌握自己所在专业领域的知识，那么可以研究自己所在岗位的"能力模型"。也就是说，做当前这个职位应当具备怎样的能力，这些能力在不同等级的职位上，具体的要求是什么。能力模型等于是一张学习地图，我们可以拿自己当前的状态和它做对照，就可以明确自己接下来的努力方向了。

那我们怎样才能找到能力模型？可以在网上搜索"某某岗位能力模型"这个关键词，或者"素质模型"等，比如"产品经理能力模

⊖ 如果在你的朋友圈里找不到这样的人，你也可以在我之前做的"在行"产品上找各行各业的资深专业人士回答你的问题，但需要付一点费用。你可以搜索"在行"公众号，关注之后就可以约人了。

型""数据运营的能力模型"。如果没搜到,我们还可以去找自己公司的 HR,问问公司有没类似的资料。

如果以上方法都行不通,我们还有最后一招——反思,反思我们的日常生活、工作,看看自己每天到底都在做哪些事情?哪里还存在把事情做得更好的可能?在哪里改进,对自己整体的提高收益最大?然后,我们就可以把反思的内容作为自己接下来努力的方向。如果需要做相应的学习,那就开启一个新的主题阅读。反思,是不需要任何条件的,我固定每周一在上班后第一时间做一次反思。

7.2.3 如何确定主题阅读的书单

如果我们已经选好了主题,应该先去搜索相应的关键字,找一些这一领域的综述性文章来看,了解这个领域主要的观点、方法是什么和大师到底有谁。几乎所有值得研究的问题,都会有不同的观点。依据核心观点的不同,人们就会分成不同的流派,不同流派的开创者或集大成者就是这个流派的大师。开始深入研究之前,先了解这些信息是很有必要的。我们要弄清楚一个领域的重大问题,就要找这个领域里面观点对立的两位大师,弄清楚这两位大师的观点之后,那其他人的观点通常是对这两个极端观点倾向于某一边但并没有那么极端,这样再去理解其他人的观点就容易了。

如果我们在网上找不到合适的综述性文章,也可以选择从这一领域的科普性、教材性质的书入手。这种书最典型的特点是广而不深,会把这一领域内方方面面的知识点全部讲到,但都不会讲太深,所有话题都是浅尝辄止。但这种书比较适合对这一领域完全陌生的读者,能够起到"敲门砖"的作用。读完这种书,读者大概可以了解本领域会涉及哪些重大的问题、重要的流派、重要的学者和大师等,然后针对这些问题去读专著即可。

接下来，我们依据这些信息去豆瓣网站或图书电商 App 搜索，可以得到一个书单。有了书单，我们还要给这些书排序，判断哪本书应该先读，哪本书应该后读。排序时需要考虑书的难度，把容易读的放在前面，把难度高的放在后面。从较为简单的书入手，降低我们的学习门槛。等我们读完前面较为简单的书后，就已经掌握了不少基础知识，这些知识都可以在我们阅读高难度的著作时，帮助我们理解著作内容。

7.2.4　阅读中的顺藤摸瓜

做主题阅读的时候，会发现一个有趣的现象，那就是我们可以在一本书里，发现其他相关书籍。一般书中都会讲到这个领域里其他大师的观点，或者引用其他著作，我们可以根据自己的需求，判断是否要进一步研究这些人及研读这些著作。有的时候，多本书中都会讲到同一个学者，或同一本书，或同一个方法，这就说明这个学者或者这本书、这个方法，在这个领域当中，地位非常重要，很值得我们对此做深入研究。

比如，我在读各种关于创业、创新、企业战略管理的书时，都会发现书里总是出现一本叫作《创新者的窘境》的书，以及总会出现这本书的作者——哈佛大学教授克莱顿·克里斯坦森。这就说明，这本书、这个作者非常重要，这本书一定是这个领域里程碑式的核心著作，必须拿来仔细研读一下。

我们回想一下，做通读时，有一种勾画批注的标记叫作"外链"，此时正是它发挥作用的时机。我们读到重要的引文、学者、大师的名字时，都可以用特殊的标记先画下来，事后再做深挖。

有的时候，作者还会在书的结尾给我们一个参考文献，我们也可以依据上面列出的书，去做延展阅读。

还有的时候，我们会对作者产生兴趣。通常一本好书的作者所写的其他书也会不错，而且这些书往往是关于同一主题的，所以也可以找来这位作者的其他书继续阅读。一个学者毕生往往只有 1~3 个核心成果⊖，这些成果之间还往往有密切的联系。此人其他的著作往往是这一两个核心成果的拓展、延伸、应用。所以通读一个学者的多本专著，也是一种有效的主题阅读策略。

7.2.5 主题阅读的精力安排

主题阅读，是阅读中的"大招"，通常要花费的时间和精力比较多，因此，对核心类书，做主题阅读是比较合适的，但如果用来读休闲类书，就有点浪费时间了。如果一次主题阅读中要读五六本书，选择一两本最核心的书做精读，其他的书配合做泛读即可。

主题阅读通常在 3 周左右完成，不宜拖得太久。花费时间太长，我们往往就容易松懈，坚持不下去。而且，如果时间太长，我们当初选定主题的时候，所面临的情况可能已经发生改变，之前所选择的主题并不一定后来还有实际意义，再读这个领域的动力就会不足，所以主题阅读最好能快速集中时间来做。

做完一次主题阅读之后，我们可以休息调整一下，读一些闲书，或者其他只需泛读的书来调剂一下生活。

⊖ 即使像爱因斯坦这样的大师，一生的主要成就也就只有 3 个：狭义相对论、广义相对论、光电效应。

7.2.6 主题阅读之后

完成一次主题阅读之后，我们可以把本次阅读的几本书一起做比较，看看这些书中哪本给自己的收获最大。我们可以思考下列问题：

- 每一本书的水平处于什么位置，其特点是什么？
- 这些书中是否有讲到相同的问题，不同的书的讲法有哪些不同？哪本讲得最到位？
- 这些书之间是否有矛盾冲突的地方，为什么有这些冲突？你赞同哪些观点？怀疑哪些观点？
- 这些书的作者之间有怎样的关系，是分属于不同的流派吗？
- 对于这一主题，我们最后的认知是怎样的？我们是否可以梳理出自己的体系？

实际上，不做主题阅读的时候，我们也可以每月反思自己在上个月读的书中，哪本给我们的收获最多。每半年、一年也可以做这样的反思。华罗庚说"读书要从薄到厚，再从厚到薄"，做主题阅读就是围绕一个主题"把书读厚"，做完主题阅读之后，自己梳理、总结、提取精华，最终形成自己的一套知识结构的过程，就是"从厚到薄"。

7.3 如何选择一本书

下面我们来介绍如何选一本书，我们可以在主题阅读、精读时用这个方法，选具体的一本书；也可以在泛读、闲读时用此方法选书。

我们找到一本书之后，在决定是否要读这本书时，应该先去豆瓣网站搜索这本书，看其评分和评论，因为豆瓣的书评相对来说更中立,也更丰富。通常一本书的豆瓣评分为 8 分以上,基本就可以放心读了,评分为 7~8 分,就需要看看其书评、书摘,再做仔细判断。评分为 7 分以下,可以先放放,除非是我们的专业领域要求非读这本书不可。当当、京东等图书电商平台上的评分,不必太在意,而电商平台上评论数多的,一般是畅销书。豆瓣的书评通常会写得比较充分,参考价值比较大,相对而言,电商平台上好评的参考意义不大,而差评和追评反而有更大的参考价值。

除了看豆瓣评分之外,在选书的时候,我们还可以参考以下要素:

首先是书的目录。现在很多书是只注重标题,书名完全代表不了内容,所以千万不要只看书名就下单,一定要至少看一看目录,确定一下这本书的内容是自己需要看的。特别是有些翻译引进的书,中文书名和英文书名的含义有可能完全不同,读者千万要注意。

其次,关注作者。大师、名家的作品,值得一读的可能性更高。

再次,看出版社。名气比较大的出版社通常更靠谱,特别是很多出版社在某几个领域的专业性比较强,它们在这个领域的选题通常值得信赖。出版社就类似我们的一个过滤器,把那些价值不大的书过滤掉,帮我们节省时间。比如我通常不看科幻小说的杂志,因为可选的范围实在太广,而正式出版的科幻小说,至少是经过出版社编辑选择过滤的,靠谱的可能性更大一些。

最后,每一本正式出版的书都有版权页,有的在封面后面,有的在书最后一页。在版权页上,我们可以看到版次、印刷次数、出版年份等信息,再版次数越多,说明此书越经典;印刷次数越多,说明销量越好。当然经典的书,通常会比较老,其内容是否符合当前现实情况,还需要读者具体判断。老一点的书,在版权页上还会标注出"印数"信息，而近期出版的书已不再标注这部分。印数多，说明出版社对此书有信心，这也可以作为选书的参考。如果读者纯粹通过电商平台买书，不一定能看到上述版权页信息，只能通过其他信息来判断。

对于名人推荐，千万不要全信，有些名人的推荐不一定是发自内心或与书相关的。看到名人推荐之后，一定要自己先判断再决定是否读。切记看书不要跟风，什么书热门看什么书。根据图书网站的销售量、热卖榜买书，对于小说也许合适，但对非虚构类作品是不够的，我们应该优先根据自己的实际需求做选择。

7.4　关于选书的其他问题

7.4.1　为什么在互联网时代要读纸质书

在互联网时代，纸质书有其不可被电子书替代的优势。

第一，很多纸质书没有电子版。对正式出版物而言，有电子版的书通常先有纸质版，而有纸质版的书很多没有电子版。目前大多数出版社的出版顺序还是先出纸质书再出电子书，电子版要等纸质新书上市一段时间之后再开发出来，因为大多数出版社目前的商业模式还是靠纸质书盈利。

第二，对一些特殊版式的内容看纸质书的效果会更好，因为手机的屏幕比较窄。很长的数学公式、程序的代码段等这类有特殊版式的内容，在手机上的呈现效果要比在纸质书上差得多，当然读者也可以在电脑或者大屏幕电子阅读器上看，但这样导致很多可以使用的快速阅读技巧就不适用了。

第三，电子书里的图片幅面会比较小、清晰度较差，所以配图多的书，或者以图为主的书，看电子书的体验比看纸质书差，比如地图集、画册、艺术作品集等都属于这种书。

第四，阅读纸质书时，排版对我们可以起到更好的线索引导作用，文字在书中的大致位置、在一页中的大致位置是一目了然的，而电子阅读界面比较抽象，要了解这一信息只能通过看阅读进度。所以阅读纸质书会更容易建立整体框架感，电子书要建立这个感觉更麻烦一些。

第五，在做快速翻阅的预读或者梳理全书结构的时候，看纸质书可以随时快速翻到任意一页，这样更直接一些。而电子书由于字体大小可调，"页"的概念已经基本不存在，要想迅速定位到某个具体位置，反而稍微麻烦一点。

第六，我们从小培养起来的多年阅读习惯，主要是针对纸质书的，拿书的手感、翻书的感觉、眼跳的习惯动作，都是基于纸质书的，要从纸质书转到电子书需要克服一些心理门槛。

看电子书也有看纸质书无法替代的优势，此处不展开介绍。对于我们常规的阅读范围来说，可以阅读电子书。为了提升阅读效率，我的建议是在没有电子书，或者一本书明显不适合电子书阅读的时候，选择看纸质书。同时，对于重要的书，既看电子版，又看纸质版，两种版本同时在手，各取所需。在预读和看图时，以及其他需要快速翻阅的场景，用纸质书的效率更高，而通读、反刍及之后的存储检索阶段，用电子书则效率更高。

7.4.2 书的内容难以理解怎么办

选书的时候还需要注意一点，那就是选择难度适中的书，不选太简单、看起来收益不大的书，也不要选择难度太高、自己暂时难以理解的书。看太简单的书，一直在自己的舒适区里徘徊，对自己没有挑战，不会有多少学习效果。看太难的书，如果超过了自己当下的接受能力范围，我们则很难坚持读下去，会有很强的挫败感，放弃读是迟早的事情。

正确的方式应该是循序渐进，选择那些我们读起来有一点难度，但又不要超过我们接受能力范围的书。等我们看过了这些书，知识准备有所提高后，就能接受更难一点的书了，这个时候我们再去看原来那些"高不可攀"的书，也许就可以水到渠成，顺利读下来了。

特别是在读学术专著的时候，有些大师的作品，写得比较简单，适合初学者阅读。也有不少大师的专著，虽然是精华，但是它的写作对象是同行的其他专家。如果我们是刚开始接触一个新领域，一上来就看这样的书，往往感到一头雾水。这时候其实从比较浅显的书开始看更合适一些，比如先看一些普及类读物，这样效率更高。

7.4.3　无法坚持读完一本书怎么办

经常会有学员问我："我花了不少时间看一本书，现在实在看不下去了，但我已经花了很长时间看这本书，放弃读感觉亏了，浪费了之前已经花的时间；不放弃读，坚持看完，实在动力不足。怎么办？"

针对这个问题，我们可以反问自己："假设读完这本书就会从天上掉下来一亿元砸到自己头上，我肯定会读完这本书吧？"坚持不下去，实际上是由于这本书对我们的价值不足而已，我们坚持读它的收益已经少于我们坚持读它要付出的精力成本，所以我们心里才会有矛盾。

经济学里有一个沉没成本和机会成本的概念。沉没成本就是我们已经花出去的这部分成本，比如我们已经花在这本书上的金钱和时间；机会成本则是假设我们把未来的一段时间、金钱，投在读另外一本书上能获得的收益。经济学的原理告诉我们，在做选择的时候，收益最大的选择方式是只考虑机会成本，不考虑沉没成本。因为沉没成本已经付出，无法收回，那是发生在过去的事情，而不是未来的事情。而机会成本则可能在未来产生收益。

从这个角度来讲，一本书我们读不下去，如果是由于这本书对我们的价值已经不大，那就可以放弃，已经花了的时间、金钱，是沉没成本。我们要考虑的是在未来的几天时间，用来看什么书是对自己收益最大的投资。只不过我们人类天然有一种损失厌恶心理，要做出这种理性选择，需要克服自己的心理障碍。

7.4.4　讲书类的内容值得听吗

我曾作为一个知识付费领域的创业者，研究过市面上各种"讲书"类产品，这些产品，通过几十分钟的一个音频、视频节目，把一本书中的要点阐释出来，提供所谓的"干货"。在我看来，一本书本来是一顿大餐，经过这种压缩，就变成一些维生素药片，虽然吃药片比吃大餐省时间、省力，但是大餐给我们的更丰富的体验、营养也就都丧失了。

这样的产品有的可以起到"好书推荐"的作用，只是一个引子，帮助我们发现好书，真正学习还要自己去阅读原著。

其实这样的产品针对的主要对象，是不具备阅读能力或者没有精力阅读的群体，也就是那些不看书的人。对这些人来说，讲书产品是有价值的。另外，经典著作的内容往往距离读者当下的生活有一段距离，讲书人通常会用贴近生活的案例、更为生动的表达方式来演绎书中的内容，这也有助于加深听众对内容的理解。

7.5 小结

本章，我们首先讨论了针对不同类型的书应该有不同的读法。按照"学以致用"的原则，把书分为"核心类""拓展类""休闲类""手册类"四种，每种应该用不同的读法，分别是精读、泛读、闲读、摘读。我们在人生的不同阶段，应当主要阅读的书也不一样。

其次我们讨论了主题阅读的方法，主题阅读就是先选主题，然后在短时间内集中读同一主题下的一批书。选择主题要根据自己当下最强烈、迫切的需求来选择。如果实在找不到这样明确的需求，可以找行家高手指点或者自己探索所在专业领域的能力模型。我们还可以阅读一本书中提到的其他学者的书。

再次，我们介绍了判断某一本书是否值得一读，有一系列可以参考的指标，包括豆瓣评分、作者、出版社、版次、印数，等等。

最后我们讨论了包括纸质书的优势等其他阅读方面的问题。

第 8 章　阅读后的个人知识仓库

> **学前小测试**
>
> 请在阅读本章之前，尝试回答下列问题。
>
> 1）读完一本书后一段时间，你有想重新在书里找到某个具体陈述在书里哪个地方出现过的情况吗？
>
> 2）你看完一本书后，会如何管理你的已读书目？有能高效地在已读书目中做搜索的好办法吗？
>
> 3）你是否对自己的整个知识结构做过梳理？你觉得构建自己的知识目录树应当采用什么样的准则？
>
> 4）你认为在你的知识结构当中，哪些部分是最核心、最关键的？
>
> 5）你如何管理读过的优质文章、论文等材料？

我们读完一本书或文章之后，很快就会遗忘其中的细节，大脑中只会记得其大意，而且记忆的是经过大脑重构之后的信息，与原文多少会有些差异。当我们需要使用其中的某些信息时，往往需要能够迅速定位到原文中具体的段落，复习某部分内容。还有时，我们会希望针对某一主题做总结或输出，此时也需要迅速将这一主题相关的知识点一并汇总，供自己参考。在这些场景下，知识能否有效地存储和提取，会决定我们长期的阅读成效。在本书开头，有这样一个公式：

长期阅读成效 = $\sum$（某次阅读成效 × 该次信息存储提取效率）

我们下面来讨论，如何提高阅读后信息的存储和提取效率。互联网出现之前，学者们为了实现这个目标，往往会做摘抄、剪报等，如今，我们再也不用这么麻烦了。但我们也不可能通过百度之类的搜索引擎实现这个目标，此时我们需要的是一个只对过去读过的书和文章做全文检索的搜索引擎。这实际上是一个只针对自己的个人知识管理系统，我将此系统称为"个人知识仓库"（Personal Knowledge Warehouse，PKW），完全可以使用现有的软件来实现这个系统。

此处我没有使用"知识管理"这个词，因为"知识管理"这个词主要是指企业内部的业务知识的管理，与管理我们个人知识是完全不同的概念。如果我们用搜索引擎查"知识管理"这个词，大多数结果都是关于企业的知识管理。目前也有不少"网红"在讲"知识管理"，但他们主要是讲学习理念、经验，实际与技术无关。我为了与这两种关于"知识管理"的语义相区别，所以单独提出"个人知识仓库"这个概念，强调"个人"是为了与企业需求做区分，而"仓库"一词是借鉴了"数据仓库"（Data Warehouse）这一概念，强调其技术性。

> 在我看来，一个理想的"个人知识仓库"需要具有的功能，按重要性从高到低依次排列如下：
>
> 1）能够对个人处理的各种格式的知识数据统一存储，如电子书、公众号文章、读书笔记、Office 文档、PDF 文档、图片、思维导图等。
>
> 2）能够对信息进行分类，可以根据使用者的需要构建多层级的知识目录树。
>
> 3）能够对信息添加不同类型的标签，并根据标签进行归类、检索。

> 4）能够搜索信息，并支持对主流文档和电子书格式的全文搜索。
>
> 5）能够帮助我们对同一主题的内容做自动关联、联想。
>
> 6）在本地和云端都能够访问数据，并且可以在计算机、手机等不同设备上随时通过网络访问。
>
> 7）方便共享，可以和朋友分享部分数据。

个人知识仓库可以大大减轻我们对知识细节记忆的要求，近乎无限地拓展我们的记忆容量，极大提升提取信息的效率，还可以帮我们更好地建立知识框架，促进我们产生新的创意。

虽然我广泛使用过各种 App，但目前还没有严格满足以上几个要求的工具。虽然没有现成的工具，但我们仍然可以通过一些工具的组合使用，实现上述功能。

8.1 梳理自己的知识树

要构建自己的个人知识仓库，先要解决的还不是软件如何使用的问题，而是要规划好自己的"知识目录树"（简称"知识树"）。我们应当先梳理自己的知识结构，按照知识对我们真实工作生活的重要性，把它们分门别类地梳理出来。这样当需要存入新的知识时，才能为它们找到合适的位置。

下面，先看看我作为互联网行业创业者和产品经理的知识树[一]，受篇幅所限，这里只展示我的知识树的一级、二级目录。

[一] 由于在某些笔记软件中，目录是按照名称的拼音顺序排列的，所以我在每个笔记本组的名字前加了数字或者字母，这些数字或字母没有任何含义，只是为了方便排序。

```
根
├── 0 日清收集箱
│   ├── 读书笔记
│   ├── 当当云阅读笔记
│   ├── 微信
│   └── 零散文章
├── A 元认知知识
│   ├── ①阅读方法
│   ├── ②学习方法
│   ├── ③思维方法
│   └── ④精力管理
├── B 工作笔记
│   ├── 大项目1
│   ├── 大项目2
│   ├── ……
│   ├── 团队协作
│   ├── 创意狂想
│   ├── 反思总结
│   ├── 信息存档
│   └── 行业动态
├── C 专业技能
│   ├── 交互设计
│   ├── 数据分析
│   ├── 用户研究
│   ├── 增长黑客
│   ├── 需求管理
│   └── 产品战略
```

```
    ├── 算法策略
    └── 技术研发
├── D 通用技能
    ├── 创新方法论
    ├── 经济学
    ├── 社会学
    ├── 心理学
    ├── 社交和沟通
    └── 市场营销
├── E 创业管理领导力 (篇幅所限，以下不再列出二级目录)
├── F 个人和家庭
├── G 兴趣爱好
└── H 健康运动
```

知识树中的顺序，可以按照我们日常使用的频率排列，把高频使用的放在前面、低频使用的放在后面。我们依次说明其含义。

- **0 日清收集箱**，主要用于碎片化信息的加工流程，我们在第 9 章单独讨论。
- **A 元认知知识**，即我们如何认知自己的知识，以及我们如何认知知识的知识。这里主要是我收集的关于学习方法、思维方法、精力管理等能提高个人整体效率的知识，由于这部分内容对人生尤其重要，所以放在第一位。
- **B 工作笔记**，存放工作中产生的各种文档记录。
- **C 专业技能**，存放产品经理专业领域内的资料。
- **D 通用技能**，存放非专业性的通用技能，比如沟通技巧、财务知识等。
- **E 创业管理领导力**，存放作为创业者需要研究学习的知识。创业的方法论、创业经验、管理方法理论、领导力等。
- **F 个人和家庭**，存放一些个人信息，比如全家人的身份证号码、护照号码和其他证件照片等，以防突发情况需要使用。
- **G 兴趣爱好**和 **H 健康运动**，这里存放的内容其实最为丰富，不一一介绍了。

以上是我的个人知识仓库中的知识树结构，读者可以作为参考。规划自己的知识树结构，需要遵循以下几条原则：

✓ 第一，维度唯一。

我们应当尽量保持唯一的分类维度，尽量实现不重不漏。如果我们分类维度过多，一会儿按照工作流程分，一会儿按照时间分，运行一段时间后，自己就会错乱，会弄不清楚一个信息应当放到哪个目录下，对于之前已经存储的信息也会不知道要从哪个目录找。我的一级目录是按照大的使用场景分类，而二级目录基本是按照学科维度来做分类。但是由于人的知识结构是一个极为复杂的系统，几乎肯定无法完全做到"不重不漏"或者"相互独立，完全穷尽"（MECE），我们只能尽量保持分类维度的唯一性，如果实在无法做到，还是应该以实用为最终标准，不必过度追求完美。

✓ 第二，分类不必太细，够用就好。

有的人会想先建立一个大而全的大框架，甚至有人按照图书馆分类目录那样做出 300～400 个项目，把分类做得很细。比如，在"历史"下面分出"明史""清史"，在"清史"下面再按皇帝来分，这就有点太细致了。如果读者是专业历史研究者，在这一领域收集的材料甚多，这样分是有意义的。但对于大多数普通人，实在用不上这么复杂的方案。我们需要的是一个简洁的、分类颗粒度大一些的、适合

我们自己梳理的目录结构。比如我在"兴趣爱好"下面,有一个笔记本叫作"历史",我收集的所有历史主题的内容全部放在这个目录下,目前总共有 30 多篇文章,这样的量级就不必再做细分了。

但在我们的专业领域,我们因为研究的东西比较多,可以采用比较细致的分类方式,比如,我在"专业技能"这个组下面,又分了很多二级目录,有的还有三级目录,因为这是我最核心的知识和技能领域,需要管理的知识内容也最多,细致的分类更有利于我自己提取知识。

✓ 第三,根据实际使用频率排序和分层级。

知识树的目录结构需要比较稳定才方便我们自己理解、使用,但它不是固定不变的。每几个月或半年,我们可以根据当时的使用情况,把频繁使用的笔记本排列在前面,也可以把某些使用频繁、存储量巨大的子目录位置提高到上一级,这样可以缩短访问路径,提高效率。

知识树的目录结构规划,总体说也是遵循"学以致用"的原则。我们做分类的最大价值,还不是为了方便查找,因为按分类查找的效率,无论如何是不如搜索高。做分类,主要有两个价值,其一是做分类这个动作本身可以帮助我们增进对知识的理解、掌握,因为当一个新知被分入某一类时,我们自然会把这一新知和同分类下的既有知识关联起来;其二是便于我们在复习某个领域的知识,或者准备输出时,能方便地产生联想,促进创意的产生。读者在构建自己的知识分类树时,也请记住"学以致用"这个原则,根据自己的使用场景来做规划。

规划好我们的个人知识仓库的目录结构后,接下来我们讨论具体的软件工具。我推荐的软件工具分为两类,其一是文档管理工具,其二是笔记管理工具。文档管理工具,可以很方便地对存储在电脑上的电子书、Word 等电子文档做全库、全文检索,但这种软件通常只能在一台电脑上使用，无法在手机或其他电脑上使用，使用这些软件对单篇文章的管理也比较麻烦。而笔记管理工具，通常在手机、电脑上都可以使用，其对零散文章的支持比较完善，并且可以通过网络实现在多个设备上的内容同步，但其对于电子书、电子文档的支持不太完善。如果将上述两种软件结合起来使用，就可以大致实现个人知识仓库的基本功能。但无论是在哪种软件中，都可以使用我们此处介绍的知识树来管理我们的知识。

8.2 个人知识仓库的实际运用方式 1：文档管理工具

电子书相对于纸质书的一大优势是方便存储和做全文检索。我们希望有这样一个软件工具，能实现对我们阅读过的所有电子书做统一的全文检索。我们只要在其中输入一个关键词，软件就能在我们过往读过的所有书中，找到哪本书涉及这个词，以及具体哪个段落涉及这个词。如果能实现这一基本功能，再配合 8.1 节讨论的目录树结构，即可形成一个较好的个人知识仓库。能实现这一功能的软件有很多，我们此处仅介绍两款。

如果您使用的是苹果 Mac 电脑，可以使用一款叫作 DEVONThink 的文档管理工具，它可以在 Mac 应用商店直接下载。这是一个强大的文档管理工具，可以帮我们做文档存储、备份、全文检索，而且支持大多数文件格式，无论是 Office 文档，还是 Markdown 文档，以及各种主流电子书格式全部涵盖，还具有完善的分类、标签、颜色、高亮等便捷功能。最神奇的是，每次你用一个词搜索出一本书或一个文档后，它还可以告诉你在你的文档库中和这本书或这个文档相似的、相关的书、文档还有哪些。不过遗憾的是，DEVONThink 只能在苹果电脑上使用,没有 Windows 版本。这是一个付费软件,价格不太贵,一次购买终身可用,不必像印象笔记一样每年付费。

如果您使用的是 Windows 系统,可以使用一款叫作 DocFetcher 的免费软件,用它也可以做电子书、Office 文档的全文检索、管理工作。此软件能实现全文检索等基础功能,而且是免费的,但其他功能不如 DEVONThink 强大。

除了电子书之外,平时工作中产生或者用到的 Office、PDF 文档,也可以放在这些软件里面,单独建一个工作文档目录,和电子书区分开即可。

有时候我们希望能先对电子书的内容做一些修订（如繁体中文和简体中文的转换）,有时候我们希望对电子书的文件格式做一些转换,有时候电子书的原始格式不支持全文检索（如加密的 awz3 格式）,这就需要先对电子书做一些处理才能放入文档管理工具。这时就需要使用 Calibre 等软件。

文档管理工具的最大缺陷是跨设备使用不方便,也就是说我们只能通过安装了文档管理工具的那一台电脑来操作。以 DEVONThink 为例,虽然其提供了手机 App,但需要先把本地庞大的文档库同步到境外云盘才可以通过手机访问,而这些云盘在境内的访问速度极慢。

另外,如果我们想把阅读过的零散文章放入文档管理工具,就必须先想办法把文章在电脑上打开,然后新建一个 Word 文档,把文章内容复制、粘贴到文档中,再把文档放到文档管理工具里,整个操作过程相当烦琐。要实现对单篇文章或读书笔记之类的内容做管理,使用笔记类 App 是更为方便的选择。

8.3　个人知识仓库的实际运用方式 2：笔记类 App

流行的笔记类 App 比较多，比如印象笔记、有道云笔记、OneNote、Notion 等。作为笔记用途，它们的功能各有优势，也各有缺点，读者可以根据需求自行选择。不过如果读者已经在某个软件中存储了大量信息，再想迁移到另一个软件，成本会非常高，没有人想去做重建全部目录、标签，再逐一复制文档的工作，所以在开始建立自己的知识仓库之前，一定要慎重选择。本书的重点不是介绍软件，而是讨论如何使用笔记类 App 构建个人知识仓库的思路，所以后面都以最为流行的印象笔记 App 作为样例。

关于印象笔记，需要特别介绍的是：如何把微信公众号中的文章保存到印象笔记。首先，我们需要关注"我的印象笔记"（微信号：myyxbj）这个公众号。其次，打开我们想保存的微信公众号文章，点击右上角的"…"，选择"复制链接"。最后，打开"我的印象笔记"公众号，打开输入框，在输入框中粘贴刚才复制的链接，再点"发送"。印象笔记就会自动访问这个链接，并把公众号内容保存在我们的笔记本中。当然，保存之前，需要我们先在公众号内绑定自己的印象笔记账号。如果读者使用的是安卓手机，还可以把"我的印象笔记"这一公众号添加到自己的系统桌面。

同理，有道云笔记也有类似的一个公众号，叫作"有道云笔记"（微信号：youdaonote），用法和印象笔记一样。不过有道云笔记并不能自动在后台帮人们获取网页，我们还必须自己打开有道云笔记 App，点开刚才保存的链接，才能完成保存网页的任务，而印象笔记则是全自动完成此任务。

如果读者使用的是苹果手机，还可以使用 iOS 特有的"捷径"功能，配置一个一键保存到印象笔记的功能。使用"捷径"功能时，只要复制某个网页的链接，然后打开此快捷指令，手机就会自动下载页面，并从页面中提取文字和插图，然后自动保存到印象笔记。获取这个捷径，可以打开 iOS 自带的"快捷指令"App，在其"快捷指令中心"中查找"印象笔记"系列快捷指令，添加其中的"将文章共享到'印象笔记'"快捷指令。

上述软件的使用并不太复杂，读者自己可以解决绝大多数问题。

8.4 个人知识仓库的日常使用流程

准备好了软件、做好了知识目录树的静态结构后，下面我们来讨论在日常的阅读过程中，如何动态地利用这个结构来处理信息。处理信息的核心是在 8.1 节介绍的"日清收集箱"这个目录，这个目录是一个缓存区，所有存入我们知识仓库的信息，先全部暂时存储在这个收集箱中，然后我会对存储在这里的新的信息做加工，并转移分配到其应该去的目录。这一工作如果能保持每天必做，就可以保证这个目录每天最后都是空的。它是使用频率最高的目录，所以被排在整个知识目录树的第一位。下面我们分两种典型场景来介绍信息的处理流程，第一种是读书笔记，第二种是日常阅读的单篇文章。

8.4.1 使用个人知识仓库处理读书笔记

当我们在阅读类 App 里读过一本书，使用一键导出勾画批注功能，一键导出到笔记类 App 的时候，通常可以指定一个默认的目标目录，这个目录就可以是"日清收集箱"下面的"读书笔记"目录。

如果有的 App 无法指定目录，通常会以这个 App 的名字为名称创建一个新目录，我们可以把这个目录移到"日清收集箱"下作为二级目录，这就是"当当云阅读笔记"这个目录的由来。

不同的阅读类 App 笔记导出到不同的笔记类 App 时，会有各种各样的情况。比如从当当云阅读导出勾画批注到印象笔记时，会带有勾画颜色，导出格式也比较美观。但从当当云阅读导出到有道云笔记时，勾画颜色就会丢失，排版也比较难看。其他阅读类 App，有的甚至没有提供导出笔记功能。Kindle App 版或者苹果手机自带的"图书"App，则只能将笔记导出到邮件，需要自己从邮件中复制到笔记类 App 里。

无论导出的情况如何，我们都需要对导出的笔记做进一步的加工。一本书的勾画批注，通常不会超过全书总字数的 5%，一本 20 万字的书就会有近 1 万字的勾画批注，有必要给这些导出的勾画批注做一个更短的摘要。我们在四步读书法的"外化"部分讲过"内容输出"的方法，此时可以使用这一方法。这与发在豆瓣的书评可以是一回事，外发出去是书评，保存在自己的笔记中就是摘要。摘要不宜太长，总字数 100~300 字即可，最多不超过 500 字。摘要部分可以用不同的字体、颜色和勾画批注的正文加以区别，这样在一段时间以后我们再翻看笔记的时候，才不会把自己所写的内容和原文混淆。

加工完成之后，我们可以把读书笔记移动到我们的知识目录树中它应该在的文件夹，最后，可以给所有的读书笔记都加一个"读书笔记"标签，因为在文件夹里可能还有其他单篇的文章和我们自己单独写下的其他笔记、总结等，增加这个标签也会方便我们以后识别、查找笔记。

实际上我们也可以把电子书的全文作为附件放到笔记类 App 中，但这样使用有些不便。以印象笔记为例，其可以对 PDF 和 doc 两种格式的文件做全库的全文搜索。所以只要我们把电子书转换成这两种格式，再把这两种格式的电子书作为附件存储在自己的印象笔记中，就可以实现电子书的全文检索了。

但由于电子书的格式通常是 ePub、mobi、awz 等，我们就必须在使用印象笔记存储电子书前，先对电子书做格式转换。这就需要使用 Calibre 将电子书转换成 doc 格式。但每本电子书都要先做格式转换然后拖入印象笔记，这样操作还是相当麻烦的。

8.4.2 对单篇文章的管理

我们读过的单篇文章，也可以放入笔记类 App。如果一篇文章在读过之后，我们认为有保留的价值，就可以将其放到"个人知识仓库"中，具体步骤如下：

第一步，分享到笔记类 App。以印象笔记举例，如果你的手机安装了印象笔记，那么大多数 App 的分享选项里都有分享到印象笔记的功能。分享的时候需要你选择分享到哪个笔记本，此时选择"日清收集箱"下面的"零散文章"即可，先不必按照文章的分类放到目录树中。

为什么？因为对于单篇文章，我们还需要做进一步加工，才能有比较好的吸收效果。如果按照分类直接放到目录树中，我们在加工的时候去找这篇文章反而麻烦，而且我们不一定在存入笔记时就有时间来做具体的加工。加工通常是固定在每天的一个时间来做，当有时间加工单篇文章时，只去一个特定目录下而不用每次查找目录，更为方便。此外，每次存入文章时，如果都要在目录树里精确选择某一个目录，也会增加操作的复杂性。

需要说明的是，在做文章的管理时，一定要注意：没有读过的文章，千万不能放到笔记系统里。先收藏再阅读，结果往往是忘记阅读，而且笔记类 App 并没有针对阅读场景做优化，用它来读文章不太方便。我们日常读的大多数文章，价值非常有限，没有收藏到目录树的必要。我们可以根据"致用"原则，判断一下文章的重要程度，重要的、有长期价值的才收藏。目前我大概读 100 篇文章，才会收藏 2 篇文章，这样往往经过几天才会有一篇值得收藏的文章。有的人收藏了大量文章，下载了不少"干货"，但最后只是收藏而已，始终不读，那其实只是在用安慰剂缓解自己的焦虑，还白白耽误了用来收藏的时间和精力。

第二步，勾画重点，写摘要。对这些文章的加工，和对读书笔记的加工是一样的。再简单过一下这篇文章，这就如同四步读书法中的"反刍"步骤，由于这是我们最近刚刚读过的文章，记忆还比较清楚，所以很快就能看完。过一遍这篇文章时要做的事情是划重点，因为与读书不同，我们在第一次阅读文章的时候，通常是在微信或各种资讯类 App 中阅读，无法做勾画的工作。所以这个工作，只能放在此时来做，我们应当把文章中对我们启发最大、最有用、最有价值的部分用不同的颜色标记出来，方便未来我们需要查找这些信息的时候迅速定位。这里使用的颜色，也可以和在读书时一样使用 4 种不同的颜色，表示重点的等级。

为什么一定要做勾画重点、写摘要这一步？因为不这样做，这篇文章我们很快就会忘记，也就起不到收藏的作用了。我们已经放弃了对绝大多数文章的收藏,每天被我们选中收藏进自己的笔记系统的文章凤毛麟角,我们选中它们肯定是由于这些文章对我们有比较重大的价值。如果我们不去做勾画重点、写摘要的处理,这篇文章的价值恐怕就无法被我们有效利用,还不如不收藏进来。

勾画完成之后,要针对这些核心内容,写一个简短的、100字以内的摘要,放在这篇文章笔记的最前面。这个摘要可以包括文章的核心要点,也可以包括自己对文章的理解、联想,可以用在自己的实际工作生活中的什么场景,收藏本文的原因等。摘要的字体颜色也应该和文章原文的字体颜色以及重点勾画用的颜色加以区别。

第三步,把这篇文章从"日清收集箱"移动到它应该放的分类目录下,加工就完成了。

加工的步骤,可以在手机上做,也可以在电脑上做,但无论如何,每天必须保证清空收集箱目录下面的所有笔记,这也就是这个目录叫作"日清"的原因。因为一篇文章如果在收集箱里存的时间太长,我们一定会忘记其内容,再处理就需要花更多的时间,还不如尽快处理效率高。如果长期不能处理,收集箱里就会积压大量的未处理笔记,再处理起来就会花更多的时间,此时还不如把未处理的文章全部删掉,这也是一种"断舍离",以此保证我们未来能够更好地坚持日清的习惯。我通常在每天晚饭后做清空收集箱这件事,因为晚饭后一般时间比较充裕,而固定的时间和强烈的触发条件(晚饭)都有助于养成习惯。

最后说明一下,如果一篇文章,我们是通过前面介绍的公众号"我的印象笔记"收藏的,那么印象笔记会自动建立一个叫作"微信"的笔记本,并把所有这类文章都放在这个笔记本下面,这就是

"日清收集箱"里"微信"笔记本的由来。

通过 8.4.1 小节和 8.4.2 小节的内容，我们了解到，笔记类 App 相对于文档管理工具，有其优势，首先是可以从其他 App 方便地导入信息，无论是从当当云阅读导入读书笔记，还是从微信导入某一篇公众号文章，都可以一键完成。其次，笔记类 App 通常都提供云存储，可以在任何位置、任何设备上访问。但是文档管理工具在处理诸如电子书、Office 文档等各种独立文档时更方便，所以两种工具我们可以配合使用。

我目前使用的策略是，电子书原书放在文档管理工具里（如 DEVONThink），勾画批注和个人对原书的总结放在笔记类 App 里（如印象笔记），二者分开存储，这样无论是导入图书还是导入笔记，都比较方便，但需要联合查询笔记和原文的时候，就需要打开两个软件。好在我们通过搜索勾画批注的部分，可以应对日常的多数场景，需要回看原文的场景往往是坐在电脑前的。所以将这两部分资料分开存储问题不大。

8.5 将纸质书和 Kindle 放入个人知识仓库

"个人知识仓库"对于纸质书也不是完全无用武之地。虽然不能做全文检索，但是摘录重要内容、编写摘要文档，也是可以使用的策略。我们可以为每本纸质书建立一篇笔记，来做书摘。

在为纸质书做书摘时，我一般会采取下列策略：

1) **在书摘的每行开头写上摘录的页码，此后摘录原书内容，但保证每次摘录的内容不超过 70 个字。**

2）按顺序摘录全书中的重要内容，但整体控制，全书的摘录段落不超过 30 段。

3）全书的书摘内容总量不超过 1000 字。之所以严格限制书摘内容量，是为了避免过多摘录消耗太多时间，同时也迫使我们精选书中的重点内容。选择摘录要点时，仍然遵循"以我为主，学以致用"的原则，选择给我们启发最大的内容。

4）用与勾画时相同的颜色，为书摘标注优先级，最重要的部分用橙色字体，次一级用偏紫色字体，最弱一级用蓝色字体。

5）必要时，在摘录后面，用另外一种颜色，写下批注内容，如摘录时的联想、链接。

6）摘录完成后，用自己的语言，写一个全书重点摘要放在笔记的开头，这一点和为电子书写摘要是一样的。

在印象笔记 App 中可以直接编制思维导图，对于结构重要且相对复杂的书，我们还可以直接在其中做一个思维导图。

也有不少 App 有拍照识别转文字（OCR）功能，然后把这些文字导入印象笔记，比如"晒书房""滴墨书摘"这两款 App。实际上印象笔记和有道云笔记自带的拍照转文字功能的准确率也比较高，但拍照总需要选择拍摄位置、对焦、图片上传、识别之后的订正等一套步骤，执行下来需要不少时间。如果一本书上勾画的部分比较多，要把所有勾画部分都拍照存储，实在过于麻烦。所以，我建议只对全书中最为核心关键的部分，采用此方法。

愿意花一点钱的读者，也可以用"速录笔"之类的硬件设备。这是一种类似笔的电子设备，用法和我们用普通笔做勾画差不多，把它直接放在纸面的文字上滑动，它就可以从纸面识别出文字，直接显示到手机或电脑上。用这个方法比用手机拍照识别快得多，识别率也不错，缺点是必须花钱买硬件设备。

如果愿意投资更多，可以购买一部"成册书籍扫描仪"，这是一种外观类似台灯的设备，但把灯泡的位置换为高清摄像头。使用时把书放在摄像头下面，直接一页一页地翻书，就可以把整本书扫描并识别为可以编辑文字的电子版，这是纸质书电子化最高效的手段，基本上可以做到 1.5 秒完成一页的扫描。我目前在使用 CZUR Aura 扫描仪，有兴趣的读者可以参考。

另外，如果读者使用的是电子墨水版的 Kindle，或者 Kindle App，都可以使用一款叫作 kLib 的软件，对自己在 Kindle 中做的勾画、笔记做加工管理，比 Kindle 自带的笔记导出功能更加方便。

本书并不是硬件、软件的使用说明，所以此处不再展开介绍，有兴趣的读者可以从我的公众号"学习黑客"中了解更多信息。

8.6　如何处理读过的纸质书

书读多了之后，我们会发现家中有很多空间被书占据，家里摆放几个书架，占据几平方米是很常见的情况，目前房价每平方米假设是几万元，按此计算，我们光存放这些书的成本就是十几万元。但实际上，很多书在读过之后，就不会再读第二遍，有的书可能会在书架上放几年之后仍然没有拆封，也许再放几年仍然不会拆封。

存放书的成本还在其次，更重要的是，我们的存储空间是有限的，这样的书不处理掉，我们就没有空间来放新书，以至于再买新书的时候，我们会担心没有地方放，而影响未来阅读的效率和心情。

这时可以把一些不太重要的书处理掉，转卖或送人都可以，需要"断舍离"的觉悟。不腾出空间，就无法接受新的知识。书籍本应该是用来丰富我们的人生的，如果变成了破坏我们生活环境的负担，便是本末倒置了。卖二手书，我推荐使用"多抓鱼"，在微信中搜索此小程序即可。在多抓鱼上把二手书卖掉，换到的余额还可以在这里购买其他书。

最后，如果实在觉得有留底的必要，可以把纸质书电子化，使用前面提到的成册书籍扫描仪，对一本书做拍照留底。

8.7 小结

本章我们讨论了如何构建自己的"个人知识仓库"，有了这个系统，我们就可以方便地随时瞬间调取自己阅读过的任何内容。这一系统包括文档管理工具和笔记类 App 两个部分，前者利于电子书以及各种独立文档的管理，后者利于笔记类、文章类信息的管理。无论使用哪种系统，梳理我们的知识目录树都是非常有必要的。

梳理知识目录树，最好按照唯一维度来做分类，类目不需要太细致、太庞大、够用即可。在使用这一系统时，需要坚持"日清"原则，每天必须把前一天入库的所有新信息全部做好加工处理，提取摘要，并且做好分类。

本书的理念是"学以致用"，本章又是操作性极强的内容，如果读者不亲自演练，那就太遗憾了。

第 9 章　碎片化阅读

> **学前小测试**
>
> 请在阅读本章之前，尝试回答下列问题。
>
> 1）你每天有多少时间用于看手机上的今日头条、百度、微博、公众号、朋友圈、好友群或其他新闻类 App 上？你觉得这个时间是刚刚好，还是太长了？
>
> 2）你在做碎片化阅读时，主要阅读的内容领域是哪些？你为什么会选择这些领域？这个选择合理吗？
>
> 3）你阅读完碎片化的内容之后，会怎样处理？有保留、整理吗？
>
> 4）你觉得碎片化阅读，有哪些问题？
>
> 5）你觉得碎片化阅读，有哪些价值？

本章我们来了解碎片化阅读，也就是碎片化学习的问题。作为生活在移动互联网时代的人，每个人都有所体会，我们的时间已经碎片化，我们每天都会阅读大量的新闻和文章。整体从学习效果上讲，碎片化学习效果当然不如系统化学习效果好，这是确定无疑的。如果我们能抽出完整的时间学习，效果更好，但现在的情况是，我们每天有大量碎片化时间，做大量碎片化阅读，而且不可能不接受碎片化阅读，这是既成事实，否则意味着和时代脱节。重要的问题不是我们要不要碎片化学习，而是如何让这些碎片化时间、碎片化内容产生出有价值的学习效果。

碎片化学习有两层含义：一是时间碎片化，二是学习内容碎片化。本章我们主要讨论的是内容碎片化，在本章末尾我会简单介绍碎片化时间的利用问题。关于时间、精力管理的话题，我将在第 10 章详细讨论。

需要指出的是，"刷"手机消磨时间，看毫无营养的爽文，这种行为在我看来只能算娱乐，至于如何控制、戒除这一习惯，不在本书讨论的范围之内。本书讨论的碎片化阅读，是指其内容本身有价值、有深度，只是篇幅较短，并未成书、成系列、成专题研究、成论文。

9.1 碎片化阅读带来的问题

有些人迷失在碎片化内容中：上班的路上听音频节目，工作的间歇刷微课，下班的路上听英语。这些人看似把碎片化时间用得很充分，但仅仅把碎片化时间花在学习上，并不一定带来收益。要让碎片化学习有效果，最终还要回到"有用"这个落脚点上。而要做到让碎片化学习"有用"实际上比学习专注更难。下面我们就先来讨论碎片化学习容易造成的问题，然后讨论如何避免这些问题。

✓ 问题 1：零散的知识点不利于与已有体系产生关联

碎片化阅读最大的问题是：孤立零散的知识点是无法被我们有效使用的。前面我们已经讲过，一项知识我们要能够用于自己的实际工作、生活，必须形成一个知识网络，知识和知识之间必须互相关联。这样我们才能有效地对知识做"迁移"，把知识从原来阅读的场景迁移到自己现实面对的场景。而碎片化阅读相对于读书，所阅读的知识是相对孤立的，并且通常情况下，文章受篇幅所限，对知识点的介绍往往点到为止或者只概括说明要点，提供的关联、延展、背景方面的信息比较少，这不利于我们在新知和自己的已有知识之间形成关联。

特别是对于我们至关重要的专业领域的核心知识，必须先由系统化阅读和学习建立起知识结构之后，碎片化阅读和学习才会有效。如果想不经过前者，只通过后者就建立起知识结构，则只能是事倍功半。对于我们的核心技能领域，绝对不要采取碎片化阅读和学习的方式，还是采取读书、上课等系统化学习为好。

✓ 问题2：来不及对内容做消化，看过就忘

在碎片化阅读时，我们往往会读完一篇文章，接着读下一篇，不断地"刷"手机。而这种浅度的阅读，知识的有效吸收率会比较低。我们前面也讲过，未经自己大脑加工的知识，很难记忆，也很难使用，多数处于看过就忘的状态。对于不太重要的内容，忘了也无所谓，但对于重要的内容，只是阅读还不足以形成有效学习，必须做深度加工。

✓ 问题3：内容质量参差不齐，容易陷入信息茧房

很多App为了延长用户的使用时间，以最终达到售卖广告的目的，会把"让用户上瘾"作为内容创作的目标。容易让人上瘾的，往往是简单、浅薄的东西，而复杂、深刻，对我们有提升的东西，往往需要我们迈出舒适区才能掌握。所以对阅读的内容，一定要加以甄别，别让无用的信息浪费自己宝贵的生命。

更重要的问题是，长期沉浸在这类东西，我们接触的信息领域会习惯性地被自己既有的兴趣范围所限制，从而将自己的精神生活包裹

于像蚕茧一般的"信息茧房"中，无法获得新的视角。同理，如果总是和同类人在一起社交，总是听到类似的观点，也会形成所谓的"回声室"，这无疑会助长我们的偏见。而且，读惯了此类爽文、浅文，自己的阅读能力、思考能力还会萎缩。

> 所以，如果有一个App，让我们产生了欲罢不能的上瘾的感觉，那么一定要警惕，无论这个App提供的是新闻还是文章，是视频还是音频。只要它让我们上瘾，都一定要引起我们的重视，值得我们反思。

✓ 问题4：碎片化时间无法阅读长篇内容

有时候我们会发现一篇很棒的长篇文章有上万字乃至几万字，或者内含一个几十分钟的视频。遇到这些在一个碎片时段内来不及看完的内容，很多人会心里想着先收藏或者加入浮窗，等过几天有大段时间了再来看，然后，就再也没看了。我们前面讲过，选书是比读书效率更高的环节，选择碎片化的内容也一样，好的长篇内容因为时间不够而错过，实在是遗憾。

9.2 碎片化阅读的适用场景

讨论过碎片化阅读的问题，本节来介绍碎片化阅读的好处。首先是成本低，几分钟就可以完成一篇内容的阅读，因此也不需要我们调动自己的意志力。其次是重复出现相同知识点的概率高，可以帮助我们复习、巩固知识，加深对知识的理解和运用能力。因为我们感兴趣的领域是有限的，其中蕴含的重大原理的数量也是有限的，文章通常会密切联系当下的事件，用核心原理去理解世界、解释事件，读这样的文章可以帮助我们活学活用，做好知识的迁移。下面来具体介绍碎片化阅读适用于哪些场景。

✔ 场景1：系统学习之后的长期跟踪

如果对某个领域，我们完成了系统学习，建立起知识框架之后，希望能对此领域做长期持久的跟踪研究，此时碎片化阅读是非常有帮助的。长期跟踪包括复习已学知识点和在掌握核心原理的情况下扩展案例库。

最典型的场景就是我们对自己所在行业、领域的专业信息源的跟踪。作为自己的专业，我们已经建立起完整的知识结构，此时每天跟踪行业的最新变化，阅读新闻和资深同行的分析报告是有必要的。另外，对于自己深入研究过并且当下仍然抱有浓厚兴趣的其他领域，也同样可以采用类似的策略。比如我会对关于阅读方法、学习方法、认知心理学等方面的内容特别关注，在这些领域如果有新的研究进展，重要学者、专家的专访或新论文发表，我都会找机会阅读。对这些领域的碎片化阅读，除了是对新进展的跟踪外，也是对既有知识的复习、拓展。

如果我们读到了已知的知识点，其实就是一次复习、演练，帮我们从另一个角度来认知同一个知识。而且因为我们无法预期是在什么时候读到某个知识点，所以这种复习天然就带有前文"分散学习"一节讲到的"间隔效应"。

做碎片化阅读的好处，除了能帮我们复习既有知识外，还可以丰富我们的案例库，为已知的核心原理寻找应用案例。在建立系统的知识结构之前，我们看到繁多的零散文章，往往无法识别出其背后的意义。一旦我们心中有了原理，我们就能从其中发现意义。前面讲过，知识的迁移能力是应用的关键。要做迁移，就需要具备针对一个知识点的充足的案例来做类比、对比，以此加深我们对一项知识的理解。能达成这一效果的前提，是我们已经对原理有所掌握，知道新读到的案例应当放在我们知识树中的哪个位置。

✓ **场景2：解决目标明确、范围有限的具体问题**

如果我们在工作中遇到了某个具体问题，比如某个数据指标要如何理解、某个 Excel 报表要怎么计算，此时碎片化阅读就比系统化学习更有效。因为这些问题非常具体，边界清晰，涉及的范围比较小，而且往往有很高的时效性要求，在这种情况下，搜索一下、看一篇文章大概就可以解决此类问题，此时尽快搞定手头的工作，比全面深刻理解问题更重要。如果我们事后对这个领域真的有兴趣，可以在有空的时候再做系统学习。

✓ **场景3：兴趣爱好**

对于那些只属于兴趣爱好，没有任何功利性质的领域，我们多做一些碎片化阅读也未尝不可，只要能让我们自己的精神得到放松就好了。

✓ **场景4：探索未知领域**

对于那些我们现在不知道，而且不确定自己是否感兴趣的话题，可以通过碎片化阅读来做一次尝试，探索一下这个领域是否对自己有价值。我们泛读一本书，至少花一两个小时，而读一篇文章，几分钟即可读完，即使发现自己不感兴趣，浪费的时间也不多。用这个方法很适合探索新的知识边界，作为我们进入一个领域的敲门砖，拓展自己的视野。

如果看完觉得还有点用，就算是我们对新领域的一次尝试。如果进而发现这个领域有价值，就可以来一次主题阅读，通过读几本书，正式把这个领域纳入自己系统化的知识结构中。当然，和读书是一样的，探索新领域的前提是我们在自己的专业领域已经足够强大。

9.3 "系统化碎片阅读"策略

从上面碎片化阅读的适用场景中，我们发现，其中最有价值也最常见的，是"场景1：系统学习之后的长期跟踪"。在前几章，我们已经讨论过新知识只有和既有知识产生关联才能被内化和使用，碎片化获取的知识，也必须和我们既有的知识结构整合、关联起来，才能为我们所用。所以，一个既有的系统化的知识结构，是让碎片化学习产生收益的前提。而做碎片化阅读时，效率最高的方法就是围绕自己既有的知识结构，把碎片阅读"系统化"，我把这种阅读策略称为"**系统化碎片阅读**"。

一个知识点就像一根树枝，如果我们零散地折一根树枝下来，这根树枝很快就会枯萎。如果我们是看一本比较系统化的书或做主题阅读，等于整体移栽了一棵树，这就能保证每根树枝的存活。"系统化碎片阅读"等于我们先种了一棵树，之后捡到一根根树枝，把新捡到的树枝插到这棵树上，这样新枝（新知）成活的概率就会高很多。

比如，某天早上我在刷牙的时候，听了一篇文章，其内容是讲在疲劳的时候如何做到真正的放松。因为我一直比较关注个人精力管理这个话题，这篇文章立即引起了我的兴趣，初次听的时候就比较认真。听完之后我决定仔细研读，所以点开文稿，把文稿转发到印象笔记中。中午休息的时候，我在印象笔记里又读了一遍这篇文章，把其中最有用的部分用高亮标注了出来，然后使用费曼技巧，在笔记的开头处简单用一句话写了其核心要点。最后，我把这篇文章转到我的笔记目录树里的"精力管理"笔记本下。这样，以后如果我要复习这个话题，就能很容易找到这篇文章。正好此时属于午休时间，我也感觉比较疲劳，立刻实践了一下这篇文章里的方法。

上面的方法，与我们做读书笔记的方法是类似的，只不过书的内容更丰富一些而已。

9.3.1 前提：系统化的知识结构

要使用"系统化碎片阅读"方法，首先要有一个知识结构。比如上面的例子中，在我的印象笔记中，有一个叫作"精力管理"的笔记本，我之前做过关于"精力管理"的主题阅读，所以已经有关于这个话题的系统化的背景知识。而且，我知道精力管理对个人效能是非常重要的，所以保持了对这个主题的持续关注。所以，一旦这个领域的新知识出现，我的兴趣就被激活了。我还有一个清晰的知识分类存储系统，学习完一个内容之后，知道要把它放在个人知识库里哪个位置。有了自己系统化的知识结构，再结合"个人知识仓库"中处理零散文章的流程，碎片化的学习就能产生出较好的效果了。

9.3.2 甄选优质信息源

碎片化阅读时，也需要对内容做甄选，我们前面已经讨论过如何选书，完全可以把选书的方法迁移到选择碎片化阅读的信息源上。无论是公众号还是App，是文字内容还是音频、视频，都可以采用这些策略。正式出版物相对于网络文章，质量通常更高一些，质量的稳定性也更好一些。而碎片化的内容质量参差不齐，我们更应当采用宁缺毋滥、精选少数优质信息源的策略。

在信息资源过剩的时代，**选择往往比阅读本身更重要**。我们可以用对待手机流量的态度来对待自己的注意力和记忆力，不能让过多的低质量信息占用我们注意力的流量和学习的内存。对于网络上的丰富资源，要么学进去，要么删掉，想看的信息太多反而会成为负担。

具体执行上，我有如下几点建议：

> 第一，主动围绕我们知识目录树中的核心领域，配置我们的信息源。多关注本行业、本领域的专业信息源，多关注同行高手的输出。
>
> 第二，选择专业、可信的信息源。从信息源的背景、其所提供的内容的专业程度，我们大致可以判断其可信性。权威机构、知名学者、资深人士通常提供的信息可信性更高。一旦发现某个信息源发布一些博人眼球、夸大其词、无中生有的内容，就应该丢弃这些信息源。
>
> 第三，对那些让我们耗费了大量时间的信息源，应该经常反思。如果我们在某种信息源上耗费了大量时间，但实际收获并不大，那就应该立即摆脱这些信息源，无论之前在它上面投入了多少精力。我自己也曾经对某些信息源上瘾，在上面耗费了许多不必要的时间，好在我会经常反思，一旦想明白，删除的时候也不会犹豫。
>
> 第四，在时效性较强的信息上，不必耗费太多注意力。有些信息3天以后就不会有任何价值，比如某明星的负面新闻，这类信息不必太在意，看看标题，或者略读即可，因为无论如何这些信息很快就会被更热门的话题代替。我们对这些内容的兴趣也许只有几分钟，所以不必浪费精力。我们应该更关注那些有长期价值的信息。

9.3.3 碎片知识的处理流程

✓ **步骤1：阅读**

每天我们阅读的碎片文章，其中绝大多数属于价值不太大的内容。我们可以采用略读的方法，也就是先重点看文章的开头和结尾，然后文章中的每段内容只重点看段首句。很多长篇文章读起来会觉得有些拖沓，多数情况下，这些内容对我们的重要性比较低，所以了解大概即可，一些不重要的段落甚至可以跳读。这样的内容，读后也不必收藏、存储。

对于偶然遇到的一些难度比较高的专业文章，由于里面可能术语比较多（比如我们无意间打开了一篇讨论人工智能算法的文章，里面多是各种缩写、简称、数学公式），一开始我们读不懂是很正常的，这仅仅是因为我们的背景知识不足以完全读懂此文章。但这并不影响我们理解其大意，我们只要先弄明白自己可以理解的部分即可。如果读完之后我们发现其中有些问题引起了自己的兴趣，可以继续去网上搜索，或者找专门的书来看，补齐自己的短板。

如果遇到内容质量比较高，且对自己很有价值的文章，那就需要特别关注。初次阅读之后，可以重复阅读，重复阅读时甚至可以放慢速度，直到保证自己充分理解为止。对于此类文章，一定要做好收藏、存储。这样的文章可能只占我们阅读总量当中的极小比例，也许一天都遇不到一篇这样的文章，但这才是碎片化阅读的精华所在。

再介绍一个小技巧，如果读者使用的是苹果手机，系统自带的Safari浏览器有一个很棒的"阅读器模式"可以用来调整字体。启动该功能的方法是，打开网页后，在地址栏最左侧有一个由一大一小两个字母A组成的图标（或"大小"图标），点一下此图标，再选择"显示阅读器视图"（或"显示阅读器"）就可以启动这个功能。打开这个功能后，字体大小、背景颜色等都可以设定，于是就可以将文章设置为超大字号，并使用垂直下落的眼动线路来做快速阅读了。

✓ 步骤2：重要内容的管理

碎片化阅读的内容，在阅读之后要有效地管理、存储、利用，前提是我们已经建立起清晰的知识树，并且已经在我们的个人知识仓库中建立起服务于这个知识树的目录结构。保存这些文章时，需要按照目录结构，放到适合的位置。对重要的单篇文章，还需要在笔记类 App 中，对文章做勾画批注，并写摘要。这一点与读书时要做勾画批注和输出相同。文章篇幅更短，做起来更省事。

再次强调，我们没有认真阅读过的东西，无论如何不要收藏进笔记系统，因为收藏进去的东西，我们往往不会再有机会阅读。我们的大脑很容易被欺骗，满足于收藏的假象，以为收藏等同于吸收，但这是毫无用处的。如果真有一时来不及读完、需要稍后阅读的内容，可以先放在微信收藏夹中，或者放在"讯飞有声"之类的缓存中。

9.4 碎片化阅读的时间管理

利用碎片化时间做碎片化阅读，是最有效率的。比如，专注工作一段时间之后，我们需要休息一下，倒杯水、上个厕所，等等，此时就可以一边做这些事情，一边用语音合成的方式听一篇文章，这样还可以让眼睛得到休息。一般这种短时的休息，用时不超过 5 分钟，按照每分钟 1 000 字的语音朗读速度，足够听完 1~2 篇文章了。

其他碎片化时间还包括洗脸、刷牙、洗衣服、洗碗等家务劳动时间，做这些家务占用的每一段时间都不长，很适合做碎片化阅读。而我们的眼睛和身体此时都处于劳动状态，只有用听的方式，才能兼顾劳动和学习。

在碎片化阅读的时间管理上，最重要的原则是：**不要使用整块时**

间来做碎片化阅读，整块时间最好用来做深度阅读。比如可以坐在家里安静读书半小时，这种时间如果用来看手机上的零散文章就浪费了，用于做深度阅读效率更高。每天上下班的通勤时间，也会有连续的半小时~1小时，也属于整块时间，更适合读书。

碎片化阅读在时间管理上，最大的挑战是我们容易被信息源控制，沉迷于"刷"文章，看各种东西，浪费了太多的时间。每天花在碎片化阅读上的总时长，必须有上限，比如上限1小时，碎片化阅读不能消耗我们太多的时长。如果我们真的有整块时间，又不想做深度阅读，与其花在碎片化阅读上，不如用于看看电影，或者做体育锻炼，或者和亲人、朋友聊聊天。

> 要控制碎片化阅读的总时长，最方便的办法就是使用手机自带的屏幕时长控制功能。在苹果手机的"设置"中，有"屏幕使用时间"选项，在其中可以设定每个 App 或每个网站域名每天可使用的总时长，超过这个时长后，系统会提示我们使用时间达到限额，无法继续使用。
>
> 在不少安卓手机的"设置"中，也有"健康使用手机"这种类似的选项，和苹果手机的用法类似。具体的使用方法很简单，读者自己试用一下即可掌握。目前我设定了常用的新闻时评类 App 每天使用时间不超过半小时，短视频类 App 每天使用时长不超过 10 分钟。

9.5 小结

碎片化阅读存在很多问题，如果无法避免这些问题，碎片化阅读很容易变成无意义的消磨时间。碎片化阅读产生收益的场景包括如下几种：

- 系统学习之后的长期跟踪

- 解决目标明确、范围有限的具体问题
- 兴趣爱好
- 探索未知领域

我建议的碎片化阅读策略是：系统化碎片阅读。其前提是我们先要建立起自己的"系统化的知识结构"，然后依据这个框架去选择碎片内容，并丰富到这个框架里。在内容选择上，应该严格甄选优质信息源，经常反思，清理不合适的信息源。

做碎片化阅读，对于大多数文章，可以使用略读、跳读策略。对重点精华文章，应该细读，并保存到自己的笔记系统中，然后做勾画、提炼、分类。

碎片化内容最好放在碎片化时间去读，不要用整块时间做碎片化阅读，应该给自己每天做碎片化阅读的总时长设定一个上限。

第 *10* 章 保持精力充沛，养成阅读习惯

> **学前小测试**
>
> 请在阅读本章<u>之前</u>，尝试回答下列问题，没错，是之前不是之后。答不出来也没关系，但请务必仔细思考。
>
> 1) 你是否总会感到没时间读书？很想读书，但每天忙忙碌碌，等到可以坐下来读书时，已经到了该睡觉的时间，你觉得有什么办法可以摆脱这种状态？
> 2) 你一般是在什么时段阅读？你有固定的阅读时间吗？
> 3) 你每年可以看多少本书？你觉得怎样才能养成阅读习惯？
> 4) 你会有阅读时走神的问题吗？你是怎样解决这个问题的？
> 5) "晚点睡"利用晚睡的时间读书，或者"早点起"利用早起的时间读书，你觉得哪种效果会比较好？
> 6) 体育好的学生，一般学习成绩比较差，对吗？

在本书第 1 章，我提出了一个公式：

职场人的阅读成效 = 可提高行动能力的信息增量 =
精力投入 × 内容适合程度 × 信息输入速度 × 内化吸收率 × 外化行动转化率

我们在前面几章已经讨论过了这个公式的其余部分，只剩下最后一项："精力投入"，这一直是职场人想要突破瓶颈、提高自己时遇到

的最大困难。

在阅读、学习的时候，我们投入的是精力，而不仅仅是时间，花相同多的时间看书，我们状态好的时候也许可以吸收 100 页，而状态差的时候可能只能吸收 10 页。那么这个状态又是由什么决定的呢？

> 按照心理学家吉姆·洛尔在名作《精力管理》中的观点，我们的精力可以分为 4 类，分别是体能精力、情感精力、思维精力和意志精力。体能就是我们的身体状况，情感就是情绪状况，思维精力是指我们需要保持专注和乐观，意志精力是指我们需要明确自己的人生目标，并且拥有克服困难、追求目标的勇气和信念。

如果身体状况好、精神状况好，无论工作还是学习，效率都会比较高。注意饮食健康、劳逸结合这样的常识性内容，本书就不再展开介绍。而关于阅读时的意志精力，我们在本书第 1 章总论里讨论过阅读目的、阅读的意义对阅读有至关重要的影响，所以这里不再赘述。下面我们重点讨论一些非常识性的方法。

10.1 保证良好的睡眠

良好的睡眠对我们保持精神状态至关重要。我们的大脑在工作的时候会代谢产生毒素，而这些代谢废物是在我们睡眠的时候排出大脑的。2013 年发表于《科学》（Science）期刊的一项研究发现，[一]在小鼠睡眠的过程中，脑脊液会涌入大脑，并把大脑里像 β 淀粉样蛋白这样

[一] Sleep Drives Metabolite Clearance from the Adult Brain, https://www.ncbi.nlm.nih.gov/pmc/articles/PMC3880190/.

的毒素清除出去，而β淀粉样蛋白是公认的导致阿尔茨海默病（俗称老年痴呆症）的诱因。在2019年发表于《科学》的一篇论文中[一]，波士顿大学的科学家利用功能性核磁共振（fMRI）来观察睡眠中的受试者大脑中的血氧水平。他们发现在睡眠中大脑里的血氧浓度，会出现明显的大周期变化，血液先会大规模流出大脑，同时脑脊液就会趁机冲进大脑，把大脑内的空间填满。之后脑脊液会流出大脑，血液再大规模流入大脑。睡眠中的大脑以这样的周期性循环，完成排出代谢废物的功能。我们清醒的时候，大脑里的神经元在工作，所以大脑需要血液不断地送入氧气，此时脑脊液没有机会冲入大脑。而进入睡眠阶段之后，大量神经元一同停止了激发，此时就不需要那么多血液进入大脑来输送氧气，这才给了脑脊液涌入的机会。

所以，睡眠不足就会造成我们大脑的思维能力下降，科学家研究发现，如果让人24小时不睡觉，此时人的大脑所处的状态等同于血液中酒精含量达到0.1%（即100mg/L）的水平，而我国规定的酒驾标准是20mg/100ml，醉驾标准是80mg/100ml。连续几天或是几周缺觉，也会让我们的思考敏锐度、警惕性、记忆力显著下降。良好的睡眠有助于提高我们身体的免疫力，相反睡眠不好的话，我们患上感冒、流感、癌症等与免疫相关的疾病的概率会随之增加。所以，医生总会向病人强调多休息。

身体、精神状况不好，学习效率自然不高。与其在困倦状态下学习，还不如好好睡一觉，调整好状态再学习。

[一] Coupled electrophysiological, hemodynamic, and cerebrospinal fluid oscillations in human sleep, https://science.sciencemag.org/content/366/6465/628.

10.1.1　良好的睡眠能提高学习效果

睡眠不仅能恢复我们的精神状态、身体状态，还可以直接增强我们的学习效果。

首先，睡眠能巩固白天的记忆，将新学到的信息转化为长期记忆。人的记忆，按持续时长来区别可以分为短时记忆（又称工作记忆）和长期记忆两种。工作记忆也就是我们平时说的"意识"，其中能存储的信息量有限，并且持续时间很短。而长期记忆则可以持续很久，而且容量巨大。我们平时所说的记忆，更多指的是长期记忆；平时所说的遗忘，通常是指我们无法从长期记忆中提取某一想找的信息到工作记忆中（关于提高记忆的方法在第 5 章详细介绍过）。

科学家研究发现，睡眠能够帮助我们把短时记忆固化为长期记忆，睡眠不好会直接影响长期记忆的形成。早在 1924 年，心理学家詹金斯（Jenkins）和达伦巴赫（Dallenbach）做过这样一个实验，他们让受试者学习一些无规律的音节，然后让部分受试者打个盹睡一觉，让部分受试者保持清醒。同样在一小时后立刻测试，最后发现，醒着的一组比睡了一小时的一组遗忘得更多。

其次，除了帮助巩固记忆之外，在睡眠中我们还更容易产生创意，更容易发现清醒状态下发现不了的联系，更容易找到信息中蕴含的规律。进入睡眠状态后，清醒时看似无关的事情，会在大脑中交汇，创意思路也会浮现其间。历史上有很多著名的在睡梦中做出的重大科学发现，比如，德国化学家弗里德里希·凯库勒（Friedrich August Kekule）声称他能偶然发现苯的化学结构是因为他梦见一群蛇咬住了自己的尾巴。门捷列夫也曾告诉他的同事，他在梦中看见了"一份表格，所有元素都各归其位"，这便是化学元素周期表的由来。

除了苯的化学结构和元素周期表的发现这 2 个知名案例外，也有相应的科学实验证实在睡眠中更容易产生创意这一论点。2007 年，哈佛大学和麦克吉尔大学的学者曾经做过这样一个实验。[一]研究小组先是让学生们学习一对又一对彩蛋，每次电脑屏幕上只显示一对彩蛋，而每一对彩蛋都是一个高层和一个低层，如图 10-1 所示。

参与的学生被分成两组：一组在早上学习这些彩蛋，一组在晚上学习这些彩蛋。两组学生都很快记住了这些彩蛋间的层次关系，并在紧随其后的考试中取得了出色成绩。但是，12 个小时后，两组学生又接受了一次考试，这次，研究学者要求他们辨识并非紧挨在一起的一对彩蛋的层次关系。答案并非一目了然，如果 A 蛋高于 B 蛋，B 蛋高于 C 蛋，被试必须自己判断出 A 蛋高于 C 蛋，学生在学习彩蛋的时候并没有看见所有彩蛋的层次排序，因此对他们来说，相距层次越远的彩蛋，之间的关系越模糊不清。

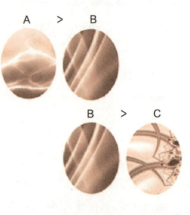

图 10-1 彩蛋实验

在晚上学习了彩蛋、睡过一觉后的第二天早上接受考试的那组学生，针对最远距离的层次关系的辨识，也就是对难度最高的问题的应答，正确率高达 93%。而在早上学习、晚上接受考试、中途没有睡觉的那组学生，正确率只有 69%。又过了整整 24 小时后，两个小组再次分别接受了考试，这一次，针对最远关系的辨识，睡眠组的成绩更

[一] 选自《如何学习》，[美] 本尼迪克特·凯里，浙江人民出版社，2017。

是遥遥领先,两组分数差距拉大到35%。

2010年,心理学家迪克曼等人(Diekelmann、Born和Wagner,2010)的实验也证实了睡眠更容易发现清醒状态下发现不了的联系,更容易找到信息中蕴含的规律。他们要求被试记住由三个词构成的词语组合(比如夜晚、黑暗、煤炭)。每组词语实际上都暗含着一个主题词(如黑色)。随后,研究者要求被试回忆词语。如果他们在不经意间蹦出了主题词,那就表示他们已经把这三个词语的主旨和暗藏的主题紧密联系在一起了。被试也被分为两组,一组保持清醒,一组则睡一觉。结果发现,睡了一觉的被试,在回忆时能下意识地说出主题词的可能性更高。

最后,2014年心理学家贝杰明尼等人(Beijamini、Pereira、Cini和Louzada,2014)的研究表明,睡眠还能帮助人们获得解决游戏问题的灵感。研究者让被试玩一款逻辑推理游戏,目标是用鼠标控制主角小人逐步靠近气球。游戏一关比一关难,直到被试在某一关用时超过10分钟时游戏结束。游戏结束后,一半参与者会睡上90分钟,另一半则保持不睡。然后两组继续挑战游戏,实验结果显示,那些睡了一觉的人,比没有休息的人更容易打通之前未能通过的关卡,这说明人们很可能在睡眠中酝酿出通关的思路。

> 这些实验都向我们揭示了一个道理,那就是睡眠不仅可以促进记忆,还可促进产生创意,让我们更容易发现清醒状态下发现不了的联系,更容易找到信息中蕴含的规律。

10.1.2 睡眠周期原理

科学家通过测量睡眠时候的脑电波,发现我们的睡眠分为深度睡眠和快速眼动睡眠两个阶段。图10-3中,纵轴方向(Y)表示的是睡眠深度，横轴（X）表示的是入睡后的时间。Y 值越低，表示睡眠越深；Y 值越高则表示睡眠越浅。Y 值最高的部分，即快速眼动睡眠阶段（REM，rapid eye movement sleep），这个阶段主要集中在整夜睡眠的后半段，表现为眼球快速运动、肌肉几乎完全松弛和做梦。Y 值最低的部分，也就是深度睡眠阶段（也称慢波睡眠阶段），主要集中在整夜睡眠的前半段。我们整晚的睡眠会以大致 90 分钟为一个周期，在深度睡眠阶段和快速眼动睡眠阶段之间循环。

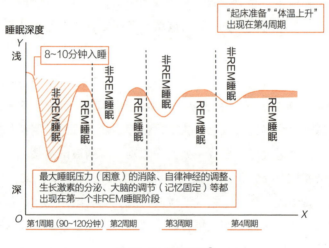

图 10-3　睡眠周期㊀

科学家研究发现，我们的长期记忆形成，主要是在深度睡眠阶段完成的，此时大脑中出现的协同波动能将清醒时的记忆重新激活。在学习之后的睡眠过程中，神经元会长出新的刺状突触，并从周边的神经元接收信息。而快速眼动睡眠阶段是我们创意比较丰富的阶段，对

㊀ 选自《斯坦福高效睡眠法》，[日]西野精治，文化发展出版社出版，2018。

我们将白天学到的东西融会贯通,解决难题,想出新主意,都有重要的促进作用。

后来还有研究发现,似乎不同阶段的睡眠倾向于提升不同类型的记忆:情感型、隐晦型、步骤型的记忆更容易在快速眼动睡眠阶段得到提升;而陈述型记忆以及从学习中获得的重要领悟则更多受益于深度睡眠阶段。

不同睡眠时长带来的影响如表 10-1 所示。

表 10-1 不同睡眠时长带来的影响[一]

打盹儿时长	结果
10~15 分钟	记忆效果得到暂时提升:提升对之前学习内容的记忆效果;一周之后提升记忆的效果逐渐消失;思维变得更敏捷;不会迷迷糊糊
30 分钟	比 10 分钟打盹后的记忆效果更好;但醒来后大约会迷糊 30 分钟
60 分钟	记忆提升更持久;迷糊感减少(深度睡眠阶段已经结束)
90 分钟	完成了整个睡眠循环,可以带来全部好处,包括情感型、步骤型(新学的一组舞蹈动作)和陈述型记忆(一组电话号码)的提升,增加创造力等;伴随着轻微的迷糊

通过表 10-1 我们可以知道,如果要做工作间隙的小憩,时间最好控制在 15 分钟左右,这样既能起到休息作用,又可以避免醒来之后的迷糊。如果我们有足够的时间休息,最好睡到 60 分钟以上,睡满 90 分钟最好。我们整夜睡眠的时间最好是 90 分钟周期的整数倍,

---

[一] 选自《科学学习:斯坦福黄金学习法则》,[美] 丹尼尔·施瓦茨,机械工业出版社出版,2018。

这样效果最好，比如 6 小时或 7.5 小时。睡眠对我们的学习有重要的促进作用，所以，要想学习效率高，必须保证睡眠良好。

10.1.3 如何睡好

那么你的睡眠是否够多呢？这件事因人而异，不过我们可以通过"多次睡眠潜伏期测试"来了解自己是否缺觉［卡斯卡顿（Carskadon）等，1986］。具体做法如下：

> 在白天的时候，找个能拉上窗帘让屋子暗下来的卧室，在床边的地上放一个盘子。躺到床上，手握一把勺子（或其他掉落能发出较大声响的物品），胳膊搭在床边，让手松开时勺子刚好能掉到盘子里。先看一下此刻的时间，然后闭上眼睛想办法入睡。当你即将睡着的时候，手就会不由自主地松开，勺子落入盘中的声音会把你吵醒，这时再看下时间，两次时间的间隔就是睡眠潜伏期。如果这个时间不到 5 分钟，那就说明你睡眠严重不足，如果是 15~20 分钟，那说明你的睡眠还比较充足。

这个方法除了可以用来检验自己的睡眠状态之外，据说还可以用来寻找灵感。传说爱迪生每当遇到棘手的问题，需要寻找灵感时，就会手拿一个金属球，坐在靠背椅上入睡，让大脑处于发散状态，以此来产生灵感，一旦入睡他就会被金属球落地的声音惊醒，然后立刻回忆在刚才的发散状态是否有创意产生。

在睡眠安排上，我们需要注意以下几个问题：

1) **从深度睡眠**（慢波阶段，图 10-3 中 Y 值最低的部分）**中醒来会导致犯迷糊**。如果我们打盹儿醒来的时间，正好处于慢波阶段，那么醒来后，会出现迷迷糊糊的状态，所以，尽量避免将午休打盹的时间设定在 20~30 分钟；而是要么睡 15 分钟就醒，要么好好睡上 1 小时。

2）**在一天中大脑最清醒的时候小睡，或是在晚上睡前的几小时内打盹儿，只会适得其反**。在白天最清醒的时候，因为昼夜节律的原因，我们不可能睡得很沉。而下午 3 点以后打盹儿，则会妨碍晚间睡眠。

3）**避免无意义地熬夜**。特别是职场新人，通常是自己独居，再也没有父母或者宿管来规范自己的作息，合住的室友也不会对你的作息有任何约束力。此时，很多人往往会打游戏、看剧到深夜。昼伏夜出会打乱我们的生物节律，影响睡眠效果。

> 想保持自己白天的效能，先必须保证睡眠。可以给自己上一个闹钟，每晚定时响起，闹钟一响，无论在做什么，必须停止，准备上床。如果确实有必要的工作、学习没有完成，与其熬夜，不如先好好睡一觉，早上提前一点起床，效果更好。假如同样是少睡 1 小时来工作学习，如果是晚睡，那我们多的是一个精神状态比较糟糕的 1 小时，如果是早起，我们多的是状态最佳的 1 小时，你要选哪个方式呢？

10.2　保持体育运动

> 我们都知道，坚持体育锻炼，可以提升自己的身体状态，让自己更健康。身体健康、精力充沛，自然学习效率会更高。但这还只是次要的，重要的是，科学家发现，运动可以促进神经元的生长，这对理解新知、改善记忆都有直接的帮助；运动还可以改善我们的情绪，提高我们学习时的状态。

我们的大脑之所以能够记住信息、学会新东西，是因为我们大脑中神经回路具有很强的可塑性。当信息进入大脑后，会激活一些神经元，这些神经元的轴突会发送信号给其他神经元的树突。神经元之间的互动越频繁，神经元之间相互的吸引力就变得越强烈，而信号的发出和传导就变得越容易。如果连续不断地向一个神经元发送信号，就会激活这个神经细胞核内的基因，从而产生更多制造突触的原材料，最后一个临时产生关联的神经回路就逐渐固化下来，这就是记忆生成以及学习的细胞基础。

比如，我们学到一个新单词，当第一次听到这个单词时，我们大脑内会有很多神经元被激活，它们相互之间传递着信号，这就形成一个新神经回路。假如我们从此再也不使用这个单词，那么与之有关的突触间的吸引力自然会降低，信号也随之减弱，结果就是遗忘。如果我们不断复习，这个神经回路就会越长越强壮，我们就记住了这个词。

科学家们发现，大脑中有一类蛋白质，可以促进神经回路的形成。其中最有名的是**脑源性神经营养因子**（brain-derived neurotrophic factor，简称 **BDNF**）。BDNF 可以帮助建立和保养神经回路，扩大神经元之间的信号强度，激活神经细胞内的基因以促进其生长，以及帮助神经元抵御死亡进程。研究者发现，大脑中缺乏 BDNF 的老鼠，会失去学习能力；反之，如果直接把 BDNF 注射到老鼠大脑内，能促进其学习。总之，如果把神经回路当作一棵树，那么 BDNF 就是"营养肥料"。如果我们大脑中的 BDNF 有很多，我们学东西就会比较容易，如果我们大脑中缺少它，我们就无法有效学习。

1995 年，美国加州大学欧文分校（University of California, Irvine）脑部衰老与老年痴呆研究所主任卡尔·科特曼（Carl Cotman）在《自然》（*Nature*）杂志上发表了一篇关于《老鼠运动和 BDNF》的论文，该论文说明，进行运动可以提高大脑中 BDNF 的含量。

科特曼的实验是这样的，将老鼠分成四组：一组在滚轮上跑两个晚上，另外两组分别跑四个晚上和七个晚上，还有一组是不参与转轮跑步的对照组。实验中，研究者先给老鼠注入一种能与大脑内 BDNF 相结合的分子，再对它们进行扫描，结果发现，运动组的老鼠大脑内 BDNF 的增加幅度超过对照组，而且每只老鼠跑得越久，大脑内的 BDNF 水平就越高。而且在对长期记忆生成有关键作用的海马体中，也出现了 BDNF 突增。

这就是体育运动能促进学习的科学证据，运动能提高学习效率。在 2007 年的一项研究中，德国研究人员发现，人们在运动后学习词汇的速度比运动前提高了 20%，学习速度和 BDNF 水平有直接关系。

所以，如果读者想提高自己大脑"硬件"的学习效率，就请多运动。有的读者可能真的很忙，没办法抽出专门的时间锻炼。我介绍一种简便易行并且不占用任何额外时间的锻炼方法——在通勤途中快步走。

> 我们从家走到地铁站，或者从公交站走到公司的这段时间，用最快的速度快步走，而不是慢慢走，通常这两个距离各自在 1 千米左右，快走大概 10~14 分钟，每天上下班就有 4 千米的步行运动量，不少于 40 分钟的运动时间，这已经相当可观了。如果读者的公司或家距离车站比较近，读者又想多运动一下，可以提前一站下车，或不坐电梯改为爬楼梯。开车的读者，也可以故意把车停在稍远的地方，给自己一点锻炼的机会。

10.3　正念冥想

正念（Mindfulness）是从坐禅、冥想、参悟等发展而来的一套可以有效调整心理、精神状态的方法。经过科学家的研究发现，做正念冥想确实可以帮助我们放松大脑、减轻压力、抑制杂念、提高专注力，还可以提高记忆力，并帮助我们控制情绪以及提高免疲力。

基本的冥想方法是这样的[一]：

(1) 采取基本姿势

① 坐在椅子上，稍微挺直背部，离开椅背。② 腹部放松，手放在大腿上，双腿不交叉。③ 闭上眼睛。如果采用睁着眼睛的方式，则双眼望向前方2米左右的位置。

(2) 用意识关注身体的感觉

① 感受与周围环境的接触（脚底与地板、屁股和椅子、手和大腿等）。② 感受身体被地球重力吸引。

(3) 注意呼吸

① 注意与呼吸有关的感觉（如空气通过鼻孔的感觉、胸部与腹部的起伏、呼吸与呼吸之间的停顿、每一次呼吸的深度、吸气与呼气的空气温度差异等）。② 不必深呼吸也不用控制呼吸，感觉就像是"等着"呼吸自然到来。③ 为每一次呼吸编号，贴上"1""2"……"10"这样的标签，也很有效果（具体操作类似于数数，实际是为每次呼吸命名以明确每次呼吸的不同）。

(4) 浮现杂念后的做法

① 一旦发现自己浮现杂念，就将注意力重新放到呼吸上（呼吸是"意识的锚"）。② 产生杂念是很正常的，不必苛责自己。

[一] 选自《高效休息法：世界精英这样放松大脑》，[日] 久贺谷亮，人民邮电出版社出版，2019。引用时略有修改。

关键点如下：

① 5 分钟也好，10 分钟也好，重要的是每天持续实践。② 要在同一时间、同一地点进行，因为大脑最喜欢"习惯"。

正念冥想的有效性是有科学依据的。美国华盛顿大学圣路易斯分校的马库斯·赖希勒（Marcus Raichle）发现，我们的大脑中存在一个预设模式网络（Default Mode-Network，简称 DMN），它会在大脑未执行有意识活动时自动进行基本操作。也就是说，我们什么都不想，大脑也静不下来，会处于"低速空转"状态，这个 DMN 就是在这种情况下工作的脑区。而且，DMN 的能量消耗占大脑整体能量消耗的 60%～80%，是大脑最大的能量消费者。

耶鲁大学的贾德森·布鲁尔（Judson Brewer）在 2011 年发表了一篇论文，他以有十年冥想经验的人为对象，测量他们在正念冥想时的脑部活动状况。他发现，每次正念冥想时，内侧前额叶皮质和后扣带皮层的活动程度都比较低。而大脑中的内侧前额叶皮质和后扣带皮层这些部位除了能管理记忆和情感之外，同时也负责管理预设模式网络（DMN）。这也就是说通过正念冥想，我们可以降低 DMN 的能量消耗。降低了大脑耗能大户 DMN 的能量消耗，也就减少大脑的"劳累感"。

马萨诸塞大学的乔·卡巴金（Jon Kabat-Zinn）被誉为"正念之父"，是他将冥想融入传统的认知疗法，创造出独特的正念减压法（Mindfulness-Based Stress Reduction，MBSR）。他的团队在 2005 年、2010 年做的研究显示，以 MBSR 连续实践 8 周后，大脑皮层的厚度有所增加，也就是说，大脑机能得到了提升。此外，还有报告指出，该疗法对于因老化造成的大脑萎缩也有效。另有一项研究发现实施 MBSR 后，左海马、后扣带皮层和小脑的灰质密度有所增加，尤其是与记忆有关的大脑部位得到了强化。

> 冥想还有其他益处，本书不做展开介绍。我自己每天下午感觉工作有些疲劳的时候，都会做正念冥想，放松一下大脑。如果读者有身心疲惫、焦虑、注意力无法集中、易怒等情况，可以考虑尝试正念冥想的办法。如果在工作时间怕自己冥想的时候睡着，可以给自己上一个冥想闹钟，5分钟或10分钟后，提醒自己退出冥想即可。

10.4　避免阅读时走神的技巧

经常有人问我，自己看书的时候总是走神怎么办？

这需要先区分一下，我们是在做有意义的积极联想，还是在胡思乱想。如果是前者，那就不是走神，这种联想是必需的，对我们吸收知识是有好处的。比如读到"学习要跨出舒适区才能进步"，我们马上想到自己前几天练跑步，跑完第二天腿疼，这就是积极的联想，这种联想会帮你在新知识和已有知识之间建立一座桥梁，也只有这样，新知识才能被理解、被记住。

相反，走神就是胡乱思想，想不相干的事情，那就会影响我们的阅读速度。走神一般有几种原因，第一种原因是读到的内容无法吸引我们的注意力。

> 如果是这一部分内容的问题，则可以跳过这一部分内容。如果全书都有这种问题，这就是选书的问题，可以考虑换一本能引起自己兴趣的书来读。如果一本书，我们必须看，但自己实在又没有兴趣看，那我们应该先反思一下，自己的矛盾点到底在哪里，为什么会陷入这种矛盾中？读这本书的收益与读此书需要付出的成本，到底哪个更有价值？自己真的有必要执着于这本书吗？想明白了这个问题再继续读不迟。

第二种走神的原因，是我们身心状态比较疲惫，注意力很难集中。在这种情况下，最好还是先休息，不要勉强自己。前面我们已经讲过，身体和精神状态会对我们的学习效果有重大影响，与其在身心俱疲的时候坚持学习，还不如先休息，调整好状态，那样才事半功倍。精力管理中"主动休息"是一种重要的策略。我们能保持注意力高度集中的时间是有限的，如果感觉到现在保持专注有困难，身心已经开始疲惫，我们就可以主动休息，调整状态，不必强求自己硬撑。

> 用番茄工作法是一个不错的选择，每专注工作 25 分钟，主动休息 5 分钟，休息的时候活动一下，吃点东西，听听音乐，聊聊天都不错。

第三种原因是我们心里有其他事情，这些事情可能对我们比较重要，一时不能放下。此时我们不如先反思一下，到底哪件事对当下来说更重要，是看书还是其他事？可以先把那件事解决了再来看书吗？或者干脆先把别的事情放下，静下心来看书。

> 先做好看书还是做事的选择，再开始阅读。心里想着后面要做的事情，会占用我们的认知资源，不利于提高效率。可以先把后面要做的事情记到清单里，用外部存储的方式把认知资源释放出来。

第四种原因是被外界打扰，在这种情况下，尽量找个不受干扰的地方看书。

> 如果是手机之类的电子设备让我们分心，可以暂时把手机放在其他房间，或者开启飞行模式，甚至关机。我们要尽量把能打扰自己的物品从我们的阅读环境中清理出去，减少我们分神的诱因。比如电视、iPad、游戏机、玩具之类的东西，不要放在书房里，或者要读书时，把这些会分散我们注意力的东西都藏起来。如果是在地铁或其他环境比较嘈杂的地方读书，可以使用主动降噪耳机来隔绝噪声。

最后一种原因，就是无缘由的走神。

> 应对这种情况，最好的方法就是强迫自己加快阅读速度，此时大脑的全部能力被需要处理的信息占满，自然就没有可以胡思乱想的精力了。

10.5　阅读时间的安排

按照前面讨论过的方法，我们应该保证睡眠时间，还需要找时间锻炼身体，所以读书千万不能挤压必要的休息时间，身体太过疲劳，读书效率肯定不好。但是，我们还得工作、吃饭、娱乐、做家务、照顾家人、社交，要挤出一点时间来读书，很难。职场人士的生活就是如此繁忙。

但是读书学习这件事情对我们的个人成长来说是至关重要的。在时间管理领域有一个著名的分析方法——"艾森豪威尔矩阵"，也被称为"时间管理优先矩阵"，因提出者是美国前总统艾森豪威尔而得名。这个方法把我们要做的事情按重要程度、紧急程度两个维度来做划分，所有事情可以分为 4 类：重要且紧急、重要不紧急、不重要但紧急、不重要不紧急。在做时间管理时，最大的问题就是把时间更多地花在处理"不重要但紧急"的事情上，而忽视了"重要但不紧急"的事情。读书这件事通常属于"重要但不紧急"这一类，说起来多数人都觉得自己应当学习，但真到安排时间时，却又总是为其他更紧急的事情让路，这其实是时间的错配。想要有时间读书，就必须对我们想做的事情有所取舍，放弃一些不重要的事情，给读书留下足够的时间。

> 我们可以经常梳理一下自己的时间表,把自己一天从起床到就寝中间所有的时间安排全部罗列出来,看看自己哪些事情可以不做或者可以压缩时间做,哪些时段大脑比较空闲可以用来听书,哪些时段专注度比较高可以用来看书。

以我本人一天的时间安排来举例,我每天 6:00 起床,洗脸、刷牙、吃早饭大概用 15 分钟,此后到 8:00 这段时间一般用于阅读或整理读书笔记。8:00~9:00 会和妻子、孩子聊天,帮助做家务,做家务时会听零散的文章。9:00~10:00 在上班路上听书、看书。10:00~20:00 在工作,其中含午饭和饭后小憩共 1 小时。20:00~21:00 在回家途中听书、看书。21:00~22:30 吃晚饭,以及和妻子、孩子聊天、做家务,边做家务时边听零散文章。22:30~23:00 可以阅读或做一些其他自己的事情,23:00 开始洗脸、刷牙、准备就寝,通常在 23:30 之前入睡,所以睡眠时间是 6.5~7 小时。我经常会骑自行车上下班(单程 16.5 千米),有时会选择下班后跑步回家,这样就可以把通勤和锻炼时间压缩在一起。周末起床时间不变,早起用于阅读,8:00~20:00 全部用来陪妻子、孩子,晚上孩子入睡之后有一些自己的时间,可以灵活掌握。

从上面的时间安排读者可以发现,我主要的阅读量是在路上完成的,在地铁上完成的,骑在自行车上完成的。[⊖]走路的时候我可以听书,站定或坐下就可以看书。我用通勤路上的 2 小时时间,上厕所的时间,各种排队的时间,做家务的时间,零零碎碎加在一起的一天时间,比较轻松地完成十七八万字的阅读量。加上早起之后有 2 小时专

⊖ 说明一下,我反对开车时听书、听讲座,因为开车时需付出更多注意力,如果一定要听,可以听重要性不高、学习意义不大的内容。

注的学习时间，学习效果就比较有保证了。所以，作为有家庭和孩子的创业者，我的阅读时间都是"挤"出来的。您可能不像我这样连轴转，您的阅读时间可以比我更充足。

> 欧阳修说："余平生所作文章，多在三上，马上、厕上、枕上。"欧阳修很忙，他的文学创作主要是利用这些碎片时间完成的，他可是唐宋八大家之一，开宋朝文学风气之先的大师。欧阳修是在碎片时间创作，创作的难度比阅读高得多，所以我们应该也可以做到在碎片时间阅读。

在整个阅读过程中，只有阅读成效公式里在第5、6章介绍过的"反刍内化"和"外化输出"这两个阶段必须用整块时间来做，我通常是在每天早上6~8点或者晚上22:30~23:00这两个时段来做，平均每天用时不到半小时，2~3天做一次。每天挤出半小时，多数读者应该可以做到。在每天固定的时段阅读，对于养成阅读习惯也有帮助。顺便说一句，本书近20万字的写作主要是在早上的时段完成的。

如果读者从事的职业不必每天按时上下班，那么在时间的安排上，灵活度就更大一些。最重要的工作，通常安排在每天效率最高的时段做，我们可以在这一时段之外选择一个时段，固定作为自己的专属阅读时间，这有助于阅读习惯的养成。还有些时间安排特别自由的人，会选择每年集中一段时间"离群索居"，断绝一切外部联络，甚至网络连接，集中精力来阅读、思考、输出，这种"深度工作法"，效率极高，但对于我们普通职场人来说，难以实现。

10.6 养成阅读习惯

本节，我们讨论如何养成阅读习惯的问题。

我在介绍压缩助记法时提到《上瘾：让用户养成使用习惯的四大逻

辑》一书中介绍的"上瘾"模型。要让一个人对某个东西上瘾，需要做 4 件事，分别是：触发、行动、筹赏、投入。这本书是一本关于如何设计互联网产品的书，我们可以做一次迁移，把这个原理运用到培养自己的阅读习惯上。培养任何习惯，其实质等于让我们对这件事上瘾。

第一步，增加自己暴露在触发物中的机会，也就是总让自己看到书。我们可以在自己的办公桌、床头柜、餐桌上放上书。把阅读类 App 放在手机底部导航栏，这样在任意页面都可以看到这个 App，即使不把它放在导航栏也至少放在首页，增加我们每次打开手机的时候看到它的概率。

第二步，行动，也就是开始读，读到此处说明读者已快读完本书，说明行动这点对你来说应该没问题，请继续保持。

第三步，筹赏，阅读的筹赏主要有两个，一是我们读到有趣内容，感觉愉悦，但**最大的筹赏还是"学以致用"**，当我们真正用读到的知识解决了自己面对的问题的时候，收获的成就感是激励我们继续阅读的最好的奖赏。这也是我反复强调阅读应该围绕学以致用展开的原因之一。二是保持学习热情高涨的小技巧，是不断地让自己获得小的奖励。我们可以为自己设定一些完成学习任务后的奖赏，比如吃一块巧克力、旅游一次，最简单的是在阅读任务表或日历上画上完成的标记，用这些小奖励刺激自己完成阅读学习任务。而且，还可以把这些奖励放在我们随时可以看到的地方，比如把旅游目的地的照片设置成电脑和手机的桌面，或者贴在书桌上。我们看到这些奖励就会兴奋起来，并且暗示自己开始学习。

第四步，投入，我们在阅读这件事上投入的精力越多，自然收获就越大，就会越想继续投入更多的精力，而且书读多了之后，我们就会对自己的知识水平有足够的自信，这都会促使我们继续读下去。

实际上任何习惯的养成，都遵从同一个原理，就是自我激励的正循环，也就是如果我们能从阅读中感受到价值、收获、愉悦，我们就会越来越爱阅读，越来越适应阅读，最后阅读就变成我们的习惯。

还有一个可以帮助养成习惯的方法，那就是**加入读书会之类的社群**。我们还是先看一个实验。

2013年心理学家（Master 和 Walton，2013）让一些幼儿园孩子各自在一个房间独处，并玩一个对孩子们来说有点难度的拼图游戏。第一个实验组没有任何暗示，就是让孩子们做拼图。第二个实验组的孩子穿着印有数字3的背心，同时心理学家告诉这些孩子："你是3号小朋友，你的任务是做拼图。"第三个实验组的孩子穿着蓝色的背心，同时心理学家告诉这些孩子："你属于蓝色组，蓝色组的目标是做拼图。"但实际上蓝色组的孩子们也只是自己拼，看不到其他蓝色组的孩子。最后，蓝色组的孩子们坚持做拼图的时间比其他两组长40%。注意，仅仅是知道自己属于"蓝色组"，就可以提高孩子们坚持"拼"下去的意志。对成年人开展的类似实验（Walton、Cohen、Cwir 和 Spencer，2012）也显示出相同的效果。比如，成年人拿到一道很有挑战性的数学题，然后在他们胸前贴上表明身份的贴纸，一组的贴纸上写着他们是"解题组"，另一组贴纸上则写着他们是"解题人"，结果自认为是解题组的人会坚持更长时间。

> 这说明什么呢？这说明，当一个人认为自己在一个群体中，大家有着共同的目标时，会让他更加努力，在困难面前更能坚持。如果能够长期在这种社群中，这种效果还能不断积累，最后就会产生更为出色的学习表现。所以，加入一个志同道合的学习者社群对学习是有很大促进作用的。这个促进作用，除了让你能够坚持下去外，还可以加深对学习内容的理解。

在前面的章节中已经介绍，我们要加深对一个原理的理解，就需要为这个原理举更多的例子，联想到更多类似的原理。我们联想到的东西越多，对这个原理的理解就越充分，我们使用这个新知识的时候就越灵活。而我们每个人都有自己的局限，能联想到的东西也有限。但如果我们在一个社群当中，每个人都为这个原理提供一点联想，大家加起来就会形成一个超级丰富的案例库，这可以帮助每个人学得更好。通过和读书会成员的交流，可以帮助我们开阔视野，跳出自己原有的局限，这对彼此都是一种促进作用。

有的读者可能会想："那我就看其他人的分享就好，自己不分享了。"其实分享是促进自己学习的一个有效方式，这一点我们在"以教促学"部分已经充分说明过。实际上，有机会分享却不分享，才是吃亏。

10.7 小结

本章我们主要讨论了精力管理和坚持阅读的方法等。我们需要管理的不只是自己的时间，应该更进一步考虑怎样才能更好地保持自己的身心状态。有三个经验：**保证良好的睡眠可以提高学习效率，还能促进灵感的产生；体育运动有助于产生促进学习的 BDNF；正念冥想可以改善我们的精神、情感状况。**

我们还讨论了避免阅读时走神的方法，以及在繁忙的工作日程中如何安排阅读时间的问题，关键是利用通勤时间和碎片化时间。最后我们还讨论了养成阅读习惯的方法，提到养成阅读习惯的关键是让自己能够通过阅读有所收获。

第 11 章 实操演练：解析《技术的本质》

本章我们一起来阅读《技术的本质》一书。讨论这本书是对本书前面介绍的各种方法的一个综合运用和演示。《技术的本质》这本书的内容无论对于我们认识世界，还是投资、创业，或立身处世，都极有价值。

11.1 选择阅读本书的原因

我初次了解本书，是从讲"产品思维 30 讲"课程的梁宁老师那里，梁宁老师在与"在行"的合作中，向我们推荐了此书。一听到书名，我就立即产生了兴趣。顾名思义，这是一本关于技术的书，但什么是"本质"？从抽象意义上讲，技术到底是什么？技术本身是否有其规律？这个问题对身处科技行业的我来讲，是一个重要的问题。况且推荐此书的人是同行中的知名人物，此书应该值得阅读。

于是，我搜索了一下豆瓣上此书的信息，如下：

技术的本质
作者：布莱恩·阿瑟（Brian Arthur）
出版社：浙江人民出版社

副标题：技术是什么，它是如何进化的
原作名：The Nature of Technology: What It Is and How It Evolves
译者：曹东溟、王健
出版年：2014年4月1日
丛书：圣塔菲书系
评分：7.9（914人评价）

豆瓣评分 7.9 分是一个相当高的分数，此书大概率很值得一读。从副标题可以看出全书要解决的核心问题："技术是什么，它是如何进化的"，这个问题立即引起了我的兴趣。技术进化的规律，从某种程度上说实际是社会进化的规律，财富产生、毁灭的规律，以及投资、创业趋势的规律，这个问题对科技行业的创业者来说很有价值。另外，看到"圣塔菲"这三个字，代表这本书肯定和"复杂性科学"相关，因为圣塔菲研究所是全世界复杂性科学领域的开创地，之前我曾经读过《夸克与美洲豹》一书，其作者也是来自这个机构，另外我之前在研究系统动力学的时候，也发现不少著作都提到此研究机构。

下面看看豆瓣页面上的内容简介和作者简介，它们证实了我之前的猜想。节选一段豆瓣上的内容简介，如下：

《技术的本质》是复杂性科学奠基人、首屈一指的技术思想家、"熊彼特奖"得主布莱恩·阿瑟所创建的一套关于技术产生和进化的系统性理论，本书是打开"技术黑箱"的钥匙，它用平实的语言将技术最本质的思想娓娓道来。

布莱恩·阿瑟对上述问题进行了解答，作者构建了关于技术的理论体系，阐明了技术的本质及其进化机制。《技术的本质》是技术思想领域的开创性作品，它不同于一般的流行读物或学术著作，对于商业创新和经济发展而言都有非凡的意义。布莱恩·阿瑟的思想是硅谷亿万资金运行的基础,如果能够真正读懂本书,不论是普通读者、商业领袖还是学术研究者,都将受益匪浅。

通过这些描述,我们可以知道,本书作者是开宗立派的大师,其研究在思想界以及商业界都有巨大影响。

下面看看豆瓣上的作者简介,我们从中了解到的重要信息是:作者的专业是经济学,所以这是一本经济学家讲技术的书,不是科学家、工程师讲技术的书。

豆瓣上还有本书的目录,仔细一看,书中内容正是我感兴趣的,实在令人兴奋。

然后,我又搜索了"Brian Arthur",发现了他的照片以及生平简介。他于1945年生于北爱尔兰,是复杂性科学的重要奠基人。他最早获得了电子工程学士学位,然后获得了运筹学和数学硕士,最后在美国加州大学伯克利分校获得经济学博士学位。请注意电子工程属于工程技术领域,运筹学和数学属于自然科学,而经济学在传统上属于社会科学,有了这样的学术背景,他对技术的理解会与纯粹社会科学背景的学者有很大的不同。他37岁就成为斯坦福大学最年轻的经济学教授。他的主要研究领域是在"复杂性科学",他是此领域的世界知名智库圣塔菲研究所(Santa Fe Institute,SFI)的元老。他开创了一个叫作"复杂性科学"的新经济学分支。他的主要著作包括本书和一本叫作《复杂经济学:经济思想的新框架》的专著,此书在豆瓣上也可以找到,于是我也将其加入了自己的"豆瓣想读"清单。

阅读完《技术的本质》之后,我对布莱恩·阿瑟可能以及复杂经济学产生了兴趣,所以又做了主题阅读。在我看来,单就学术贡献来讲，布莱恩·阿瑟可能远超很多诺贝尔奖得主，不过他的研究领域和目前西方主流经济学的研究思路、研究方法完全不同，在其《复杂经济学：经济思想的新框架》一书中也对目前居于西方经济学主流的新古典主义进行了深刻的批评，属于西方经济学界的"反叛者"。

11.2 预读

1. 读目录

阅读的第一步是仔细研究目录。以下是本书目录，我们先仔细阅读一下。

- 推荐序一 路径依赖性：人口、经济、技术
- 推荐序二 打开"技术黑箱"的一个新尝试
- 前言 技术的追问
- 第1章 问题
    - 缺失了本质的技术
    - 技术的进化
    - 组合进化
    - 本书的主题

- 第2章 组合与结构
    - 技术结构的形成
    - 为什么要模块化
    - 递归性及其作用

- 第3章 现象
    - 技术的本质

- ◇ 有目的的系统
- ◇ 捕捉现象
- ◇ 技术与科学

- 第 4 章 域
  - ◇ 域定
  - ◇ 设计就如同语言表达
  - ◇ 参与的世界

- 第 5 章 工程和对应的解决方案
  - ◇ 标准工程
  - ◇ 解决问题的工程
  - ◇ 组合与解决方案
  - ◇ 未来的技术构件

- 第 6 章 技术的起源
  - ◇ 什么样的技术才算新技术
  - ◇ 找到一个基本原理
  - ◇ 概念的物化
  - ◇ 基于现象的发明
  - ◇ 什么是发明的核心
  - ◇ 因果性金字塔
  - ◇ 科学与数学中的发明
  - ◇ 发明与新的构件

- 第 7 章 结构深化
  - ◇ 内部替换
  - ◇ 结构深化
  - ◇ 锁定与适应性延伸

第 11 章
实操演练：解析《技术的本质》

- 第 8 章　颠覆性改变与重新域定
    - ◇　域是如何进化的
    - ◇　经济的重新域定
    - ◇　经济中的时间
    - ◇　创新与国家竞争力

- 第 9 章　进化机制
    - ◇　组合
    - ◇　机会利基
    - ◇　核心机制
    - ◇　关于进化的一个思想实验
    - ◇　技术进化与生物进化的比较

- 第 10 章　技术进化所引发的经济进化
    - ◇　经济就是技术的一种表达
    - ◇　结构性变化
    - ◇　解决方案带来的新问题

- 第 11 章　我们的立场是什么
    - ◇　技术具有生物属性，反之亦然
    - ◇　繁衍性经济
    - ◇　纯粹秩序与混质活力
    - ◇　我们应该怎样看待技术

- 注释
- 译者后记

从目录中，可以看出什么信息？

从推荐序的标题，应该看不出什么要素，略过。重点看第1章。

- 第1章　问题
    - 缺失了本质的技术
    - 技术的进化
    - 组合进化
    - 本书的主题

从这本书的副标题我们知道，它的主题是"技术是什么，它是如何进化的"这两个问题，目录一定是作者讨论这两个问题的结构。从目录看，第1章叫作"问题"，并且其中有一节叫作"本书的主题"，显然这部分是全书的总论部分。在总论部分，作者提出了三个问题，也就是三个章节的名字，从这三个名字，我们可以知道这些章节会分别讨论技术的本质是什么，技术进化的规律是什么，以及"组合进化"。"组合进化"是一个新词汇，此时还看不懂，但内容肯定和技术进化的规律有关，先记住这个词。

- 第2章　组合与结构
    - 技术结构的形成
    - 为什么要模块化
    - 递归性及其作用

第2章的章名中"组合"这个词再次出现，肯定和第1章总论中的"组合进化"有关，另外出现了"结构"这个词，从下面的章节名字，可以看出结构应该是本章的重点。其中有"模块化"这个词，结合"组合"与"结构"猜想，大致可以想象出作者要讲什么。

- 第3章　现象
    - 技术的本质

- 有目的的系统
- 捕捉现象
- 技术与科学

第 3 章的章名只有"现象"两个字，看到这里还不容易理解其含义，第 1 节的名字"技术的本质"是全书的书名，扣题的部分肯定非常重要，一定是全书的关键点。其他几节的名字还不太好理解，从中看不出太多信息。之后，第 4 章"域"、第 5 章"工程和对应的解决方案"，从中暂时看不出特别的含义。

第 6 章"技术的起源"，说明从这里开始讨论此书的第二个主题"技术是如何进化的"，这样看可知前面第 2~4 章讨论的是"技术是什么"这个问题。第 7 章"结构深化"、第 8 章"颠覆性改变与重新域定"、第 9 章"进化机制"，从三个章名来看，应该都是围绕技术进化的不同方式来讨论的，最后在第 9 章做一个总结。其中第 6 章有一节的标题是"什么是发明的核心"，这个问题是我作为产品经理比较感兴趣的问题。第 9 章还提出了一个问题"技术进化与生物进化的比较"，这是一个有趣的问题。

第 10 章"技术进化所引发的经济进化"应该是一个关联问题，而且布莱恩·亚瑟既然是经济学家，最终肯定要回到经济学问题上来，所以这估计也是本书的核心观点之一。

第 11 章"我们的立场是什么"应该是谈人与技术的关系之类的社会问题。

2. 迅速翻阅全书，看每章概述

读完目录，接下来迅速翻阅全书。在翻阅时，我发现在每一章的开头，作者都会用一段 100 字左右的简短文字概述全章的主旨。读完这些概述，对全书的结构把握得就更清楚了。

3. 看推荐序

接着翻阅推荐序，这两篇推荐序的信息量丰富，水平颇高，值得一读，不像有些书里的基本属于溢美之词却没有实质内容的推荐序。

4. 看前言

下面仔细阅读前言，完成预读工作。在前言中，布莱恩·亚瑟说，在达尔文的进化论提出之前，科学家实际已经掌握非常详尽的生物知识，他们对解剖学、分类学甚至古生物化石都做了很多研究。但是那个时候，人们还缺少一个整合所有知识的法则。人们不太清楚生物是从何而来的，也不太清楚动物自身是否可以改变，更不知道生物变化的规律是什么。直到达尔文提出了进化论。进化论讲的不是某种具体的生物，而是生物界整体的演化理论。

本书讨论的理论和具体的某一项技术的关系，就如同进化论和具体的生物知识之间的关系一样。作者要建立的是一个关于技术如何形成的完整理论体系、一个一般性法则、一个逻辑框架。

此时，此书的内容范围、结构，我们已经大致清楚，通过预读我们对本书有了大概认识和初步判断。我们还可以猜到，本书绝不是一本讲某种具体技术的书，其中不会讲到具体的计算机技术是怎么回事这样的问题，它讨论的是泛指的、抽象层面上的技术，它的内容可能更接近科技哲学、经济学或系统科学。

11.3 通读

1. 提出问题

读完目录，在开始通读全书之前，我们应该提出几个问题，先自

己思考一下这些问题,然后带着这些问题去阅读全书。我提出的问题是这样的:

1)技术的本质是什么?我们说到"技术",可以想到各种高科技设备,它们有什么共性?什么东西可以被称为技术的"本质"?

2)技术进化的规律是什么?这个问题太高深,现在还想不明白,那么技术进化的规律与生物进化的规律,有什么不同呢?

3)作为一个产品经理,最关心的是如何做产品的定位、创意,新产品就类似于书中提到的"发明",那么要做一个成功的发明,其规律是什么?

4)作为一个科技行业的创业者,最关心的事情是如何做行业、产业趋势的判断,以及入场时机的选择。那么如何用技术演进的规律,来做这样的判断呢?

为了提起读者的兴趣,我下面先提出一些问题。也请你先思考一下,后面我会利用这本书中的理论来解答这些问题。

✓ **问题一:为什么老虎没有进化出机关枪?**

这个问题有人曾经讲过,我觉得还值得更深入的挖掘。这个问题乍一听你会觉得很怪,老虎是动物,怎么可能进化出机关枪这种武器?但是老虎其实也很厉害,比如,老虎的脚底有像猫爪一样的肉垫,很精巧,它能适应各种地形,接近猎物的时候,让它能做到毫无声息;老虎的爪子在走路时,能收起来,但是在攻击和爬树时能像刺刀一样刺出来;老虎的眼睛非常好用,视力是人类的6倍,视野也非常开阔,而且眼睛里面分布着密集的视杆细胞,这让老虎有夜视功能。在一个月光明亮的夜晚,对老虎来说,看东西就和在白天看得一样清楚。以目前的科技水平,就是把全人类所有的高科技集中到一起,也做不出一只和真实老虎一样的机器老虎。而机关枪是1883年美国人马克沁发明的,现在看完全不是什么高科技,最简单的机关枪据说在某些地方的手工作坊也能做出来。而显然如果老虎有机关枪,那它捕猎的效率肯定会大幅提升,在自然选择下肯定很有优势。那么为什么老虎没有进化出机关枪呢?

✔ **问题二:为什么雕版印刷术要等到唐朝才出现?**

这个问题听起来也很没有道理,一项发明什么时候出现,不是很正常么?但如果我们细想一下就会发现其中有蹊跷。世界上最早的印章出现在7000年前的美索不达米亚,而我国在战国的时候,印章就已经很流行了。而现存最早的雕版印刷品的年份是公元868年,时代是晚唐。从印章到雕版,不就是面积做大点、字做多点么,结果从全世界范围看,从印章到印刷经过了6000年,从我国看经过了1000年,这是为什么?有同学可能还知道,我国汉朝就开始刻石经,把儒家经典刻在石碑上,现在大家去西安旅游还能看到唐朝刻的石经。石碑出现一段时间之后,人们就开始拓印石碑,到这里是不是就距离印刷术只有一步之遥了?从石碑拓印到雕版印刷,不就是版做小点,把石头改成木头么,智慧的我国古代人也还要从东汉到唐朝花了七八百年才发明出,这是不是很匪夷所思?

✔ **问题三:为什么技术的发展是加速的?**

刘慈欣在《三体》里讲到,三体人看到地球科技的发展速度是爆炸性的,也就是技术进化的速度越来越快,而三体人的技术发展是匀速的,他们很害怕地球很快超过他们的技术水平,所以派智子到地球来锁死地球所有的粒子加速器,以阻碍地球科技的发展。我们都知道,在古代,技术的发展非常慢,而工业革命之后,人类技术的发展却日新月异,越来越快。我们都听说过摩尔定律,是指集成电路上可容纳的元器件每 18 个月会增加 1 倍,还有很多技术领域都有类似的指数进化定律。

总体上看,技术的发展是加速的,而不是匀速的,速度越来越快。美国著名的未来学家,雷·库兹韦尔在他的名著《奇点临近》中,把这种趋势叫作"加速回报定律"。对技术的这种加速发展的趋势,我们现在觉得天经地义,但问题是,这是为什么?为什么技术的进化速度是加速的而不是匀速的?其背后的深层原因是什么?

2. 使用快速阅读技巧勾画批注

提出了这么多问题,说明之前的预读已经起到了效果。带着这三个问题,我们开始正式阅读本书。可以使用快速阅读技巧,并做好勾画批注。受篇幅所限,我不可能把这本书中所有观点都与你分享,以下只能摘取我认为是本书中最核心,与我们职场人最为相关的部分。在下面的行文中,我会在每节中引用这本书中的一个核心观点,然后用我们在前面讲过的反刍内化的方法来拆解、阐释这些观点。这个过程当然也是我的一次"外化输出"。

下面每一个知识点我都会分为 4 个部分来讨论,第一部分是此书中的原文,第二部分是我针对这段原文做的补充、阐释。第三部分是我自己的联想,属于原文之外的内容,我会把自己的其他知识拿来和此书中的知识互相印证、关联,属于反刍内化阶段的为迁移而学习。第四部分则是这一部分所讲的原理,可以如何被我运用到生活、工作中,让这些原理和我自己的需求产生实际的可用的连接,这也是一种示范,属于"四步读书法"的外化使用阶段。由于篇幅有限,此处只能选择三个重要的知识点作为示范,如果读者对此话题感兴趣,可以在我的公众号中找到关于此书更完整的分享。

11.4 反刍内化、外化使用

1. 技术的本质是什么

（1）原文

本质上看,技术是被捕获并加以利用的现象的集合。或者说,技术是对现象有目的的编程。

（2）阐释

在本书中,技术首先被定义为实现人目的的一种手段,也就是说技术必须为人的目的服务,一样东西如果没有对人的价值,也就不能称其为技术。如果把某项技术拆开,从内部观察这项技术的每个组成部分,我们就会发现,每个技术深挖下去,其内部核心都是不以个人意志为转移的现象。比如,各种无线通信技术,其底层都是电磁波这个现象。锤子能够把钉子砸进去,是利用了碰撞中动量可以传递的这个现象。飞机飞行的本质,是利用了流体中流速快的地方压力小的这个现象。

一项技术的核心是一个现象,而由于人类要利用这些现象去实现自己的目的,就要把这些现象控制住,或者固化到某种装置、某种安排里面,并且按照人的目的去让这些现象有组织、有计划地协调工作,这种协调工作就叫作"编程"。

我们经常会说,技术的背后需要有一个"原理",这个原理和这里讲的"现象"是一回事吗？并不是。原理是要达成人类的某种目的的,而现象和个人的意志无关,无论在人类出现之前的地球,或者在遥远的无人星球,电磁波这个现象都会存在,而使用电磁波传递信息这个原理,只有人类需要它的时候它才会存在。现象和原理的区别就在于是否是以人的目的为出发点的。

（3）联想

既然我们知道，技术的本质是对现象有目的的编程，那么近几年有什么震撼全世界的、捕获新现象的事情吗？

您想到了吗？是观测到引力波！

引力波是个物理现象，广义相对论在100多年前就预言了引力波的存在。它从宇宙诞生之初就存在，在人类诞生之前就存在，等到人类灭亡，它仍然会存在。人类过去要么不知道引力波的存在，没人去观察它，要么由于引力波产生的效应太过微弱，而人类的观测仪器又不够精密，无法观测到它。人类在2016年才第一次探测到引力波，这是人类捕获的一种新现象。并且，人类利用引力波这种现象观测到两个黑洞的合并，这说明人类可以利用引力波来实现观察宇宙的目的，这个观测装置其实就是一种技术。

那么，人类靠什么去捕获新的现象呢？答案又是技术。

我们回忆一下科学家是怎么观测到引力波的，他们使用的那个装置叫作LIGO，也就是英文"激光干涉引力波天文台"的缩写，从名字就可以看出来，它使用的是激光干涉技术，也就是说，人类以激光干涉作为一项基础技术捕获了引力波这个现象。我们知道，早在1916年，爱因斯坦根据他的广义相对论就预言了引力波的存在，可是当时人类的技术还没办法去捕获这种现象。

而最后用于捕获引力波的激光技术，本来也是一种自然现象，而且它的存在也是爱因斯坦在1916年提出的量子电磁辐射理论中最先预言的。人类在20世纪60年代捕获了激光这种自然现象，然后人们把激光封装到各种设备里。比如我们现在家家户户门口都有各种宽带公司的网络接入盒,那里面接的就是光纤,而光纤里面传输信号用的是激光,这就是说,人们把激光这个现象封装在"光纤通信"这种技术里,随时在为你能上网这个目的服务。再比如你的眼睛近视了,去医院做矫正,医生用激光手术刀给你做手术,这就是说,人们把激光这种现象封装在"激光手术刀"这个技术里。我们把激光这种现象封装在了各种各样的装置里面,形成了各种技术,来达成我们各种目的。

而激光作为基础技术又为捕获引力波这种新现象做好了准备。用来捕捉引力波现象的 LIGO 装置非常复杂,它于 1984 年开始规划,于 1990 年开始建造,于 1999 年完工,于 2010 年到 2015 年进行了大幅的升级改造,总耗资 6.2 亿美元。我们可以看到为了捕获引力波这种现象,人们做了复杂的计划,大量科学家协同工作最终才完成对这种现象的捕捉。

而当人们捕获了引力波这种现象之后,立刻就开始通过分析引力波的数据,了解宇宙中黑洞合并的情况,利用引力波来实现人类了解宇宙的目的,到这里这个引力波天文台就成了一项新的技术。

从这个例子里我们看到,人们是怎么捕获现象,并且利用这些被捕获的现象,去实现自己的目的。一个现象被捕获之后,就会被我们封存在各种各样的装置中,并被重复使用,这就形成了一个一个的技术,所有这样的技术集合在一起,就形成了我们的技术大厦。这就是技术的本质。

现象,也不一定必须是物理现象,比如人天生喜欢听某些声音,把这种现象捕捉、组合出来之后,就是音乐,可以说音乐是基于人类的听觉现象、心理现象的某种技术。所以,假设我们要给蝙蝠作曲,它们的音乐肯定是和我们完全不同的。再比如,"复式记账法""有限公司"这些技术基于的是社会现象。

(4) 运用

近几年在互联网和金融行业大热的区块链技术，其底层最重要的是"共识算法"，核心是一种数学现象。5G（第五代移动通信技术）中的极化码技术，其核心是来自土耳其教授发现的一个数学现象。我作为创业者、产品经理，要想做出一个成功的产品，也需要发现这样一个核心，它要么是针对一种新的现象，要么是针对一种已有的现象，提出一种新的理解方法，从而产生出新的产品思路。发现别人没有发现的现象，将其转化为产品，从而将认知优势转化为资本、资源、实力上的优势，这是产品经理的核心价值。

2. 技术是如何进化的

技术帮助人们捕获新的现象，而新的现象又会被封装成新的技术，这个新技术又会被用来捕捉更新的现象，技术就这样不断地循环发展。技术进化的规律是什么，这是本书的第二个核心问题。关于技术的进化，布莱恩·亚瑟按照三种不同的范畴来逐一讨论，也就是：单个新技术是如何出现的，一个技术集群是如何进化的，技术整体是如何进化的。

(1) 原文

新技术是针对现有目的而采用一个新的或不同的原理来实现的技术。新技术是在概念当中或实际形态当中，将特定的需求与可开发的现象链接起来的过程。

(2) 阐释

这说的是某一项新技术是怎么出现的，或者说我们平时说的技术创新的本源是什么。这里面的第一个重点是"不同的原理"，注意新的原理并不一定是新的现象，它可能只是原有技术的新组合。

比如拍照手机，是人们把摄像功能和手机功能用一个新的原理结合了起来。在最初发明的时候，技术基础早已具备，只是没有人把它们整合起来。而后来手机拍照的清晰度越来越高，则不能算是一项发明，因为其中没有新的原理，只是性能的提升。

所以新发明的核心是新原理，那么新原理是怎么出现的呢？我们再看看技术的本质，技术的本质是"对现象的有目的的编程"。可以看出，发明其实有两个要素，其一来自人的某种需求（也就是原文中的"特定的需求"），其二来自一些现象，两者完成链接，新发明就出现了。

那么按照这个思路，连接现象与需求就有两种方法。一种是从某个目的或需求出发去找现象，另一种是从现象出发去找能用它来解决什么需求。

（3）联想

从需求找现象这条路，最著名的莫过于 iPod 的发明。乔布斯回到苹果后，第一个令世界震惊的产品并不是 iPhone，而是 iPod。在 2000 年时，市场上的 mp3 播放器大多数只有 256MB 的存储器，只能存 20 首歌。那时如果想听不同的歌，就必须在电脑和播放器之间传文件。乔布斯觉得这很麻烦，他想做一个能全部存放一个用户收集的几千首歌的播放器，这就必须有一个容量很大并且体积很小（足够装进口袋）的存储器。但当时小体积的"固态存储器"最多只能有 256MB，达不到大容量的要求，所以苹果公司的开发团队一筹莫展。

后来苹果公司的高管乔恩·鲁宾斯坦去日本出差，他发现东芝公司开发出一款 1.8 英寸（1 英寸 = 2.54 厘米）大、5GB 容量的硬盘。

东芝公司当时还没给这块硬盘找到任何买家,正在愁这块硬盘做出来没人用,鲁宾斯坦立即向乔布斯报告此事。最后苹果收购了东芝公司这个产品的专利,后来就做出了震撼世界的初代 iPod。

这就是一个从需求到现象的例子,先是乔布斯代表用户提出了需求,然后工程团队去找能实现这个需求的技术基础元件,也就是能实现这个需求的现象,最后做出了一个改变世界的发明。

从现象到需求的例子也有很多。这本书中给出的例子是青霉素的发明。青霉素的发明挽救了数以亿计的生命。而青霉素的发现却纯粹是因为一次意外。1928 年,英国细菌学家弗莱明发现自己做实验的一个养葡萄球菌的培养皿被不小心污染了,培养基发了霉,长出一团青色的霉花。他的助手要倒掉培养皿。弗莱明没有马上把这个培养皿交给助手,而是仔细观察了一会儿。使他感到惊奇的是:在青色霉菌的周围有一小圈空白的区域,原来生长的葡萄球菌消失了。难道是这种青霉菌的分泌物把葡萄球菌杀灭了吗?弗莱明随即意识到这种物质可以用来治疗感染。但实际上在此之前也有其他科学家观察到这种现象,但没人想到这个现象背后隐藏的价值。弗莱明能想到这点,是因为在第一次世界大战中,他曾经做过战地医生,他看到过大量因为细菌感染造成的死亡,所以他才对能抑制细菌的现象高度敏感。但从发现现象到能做出产品,中间还有很多具体的技术问题要解决,而且需要一个专业团队一起来协作研发,所以最后青霉素这种药物上市,已经是 13 年之后的事情。

类似案例也非常多,比如 1862 年麦克斯韦就从理论上科学地预言了电磁波的存在。但直到 1888 年,赫兹才第一次观测到电磁波的存在。但这两个人都没有尝试用电磁波这一现象去实现人类的什么目的，只是单纯地把它作为一种物理现象去研究。直到1895年意大利人马可尼成功地发明了一种可以使用电磁波通信的装置，人类才算是有了无线通信这项技术。

一项新技术在实验室完成研制，到在市场上成为一个优秀的产品，中间还有大量需要解决的问题，这个过程往往需要花费几年甚至十几年的时间。一项技术创新到了推向市场的阶段，其能否得到科学界的认可已经不重要，其能否得到广大普通用户的认可，才更为重要。假设有一种能帮人自动遛狗的机器人技术即将上市，此时一个养狗阿姨的意见，就比科学家的意见更有价值。

(4) 运用

回到我们自己的日常工作。按照上面对发明的定义，作为一个互联网行业的产品经理，可以说工作中最有价值也最有挑战的部分就是发明新创意，也就是找到技术去解决还未被满足的用户需求的通道。所以产品经理最关心的问题应该是，我们如何才能找到一个新的现象，以及如何把现象变成技术（也就是产品）。

布莱恩·亚瑟告诉我们，创意从来都不是无中生有的，它通常是"挪用""借鉴"的，也就是说，如果我们脑子里有大量可参考的素材，同时我们连续不断地思考某个问题，潜意识会替我们工作，让我们从原有的素材中产生"联想"。联想会带来灵感，产生新的创意。如果我们想有更多的创意，最重要的事情是丰富自己脑子里的原理库，经常跨界思考、借用其他领域的案例来刺激自己的大脑。

但有了创意并不是过程的结尾，而只是一个标志。创意产生的只是一个原理，必须把整个原理转译为可行的技术实体才算完成。产品经理对于这个过程太熟悉了，完全就是新产品从最初的灵感火花到最终上线的实际情况。作为一个产品经理,一年能产生一两个好的创意就很不错,而剩下的时间通常都是在解决为了实现这个创意的过程中遇到的各种问题。在这个过程里,产品经理的基础能力越高,解决各种问题的能力越强,创新能力也就越强,这就是基本功对创新的作用。所以一个产品经理要有好的创新能力,一要靠博闻强识产生丰富的联想,二要靠扎实的基本功把创意变成现实。

3. 进化机制——组合进化

(1) 原文

技术的进化机制就是"组合进化"。所有技术都是从已经存在的技术中被创造出来的。如果新的技术会带来更多的新技术,那么一旦元素的数目超过了一定的阈值,可能的组合机会的数量就会爆炸性地增长。有些技术甚至以指数模式增长。

(2) 阐释

新的技术在某种程度上一定是来自此前已有技术的新的组合,这种机制就是"组合进化",我认为这是此书最深刻的洞见。技术进化的独特方式是"组合进化",也就是新技术,是来自既有技术的组合。

苹果公司把音乐播放器和1.8英寸硬盘组合起来,就有了能存放几千首歌的iPod;科学家把引力波造成空间扭曲的理论和激光干涉技术组合起来发现了引力波。聪明的读者可能会问,发现青霉素不是由于一次偶然吗?这个组合了什么技术呢?但是实际上,偶然发现的只是青霉素可以抑制细菌生长的这个现象,还不是一个技术,要把这个现象转变为一个可以上市销售的药品,就必须有一套使用已有技术的支持系统。它需要生化技术去隔离霉菌中的活性成分,需要其他技术提纯出青霉素,还需要工业生产青霉素的全套设备和流程,这些都是对已有技术的组合。也就是说,已有技术的组合使新技术成为可能。

说到进化,大家肯定先想到达尔文提出的生物进化方式。那么技术的进化与生物的进化有相似的机制吗?生物进化的特征是通过自然选择逐渐积累微小的突变,其动力来自单个生物体的变异,而技术的进化却不是这样。

有两种力量主导技术发展,一种力量源自组合,另一种力量源自人类的需求。

那生物进化是否也遵循组合进化的规律呢?答案是否定的,在生物界,除了细菌这种低等生物之外,所有高等一点的生物都不能在物种之间交换DNA(即使是马和驴杂交出来的骡子,由于没有繁殖能力,其DNA也无法继续传递)。我们看到有些动物有相同的特征,比如蝙蝠和鸟类都有翅膀,这不是鸟类的翅膀基因组合进了蝙蝠的DNA,也不是蝙蝠的翅膀基因组合进了鸟类的DNA,而是它们各自独立发生突变,然后经过自然选择,各自独立进化出翅膀。

技术进化则不然,只要有需求,我们人类可以自由地对任何现有技术做任何组合,从而发明出新技术。即使是捕获新的现象,也需要使用既有技术,而且新现象一经捕获,也会变成已有技术。所以,所有的新技术都是源自对已有技术的组合。

(3)联想

这几年热起来的一个词叫作"跨界创新",也就是把一个领域的知识经验运用到一个不同的领域去,从而产生的创新。比如做互联网的人转去做餐饮,弄出网红店等。我们想想,这其实完全不是什么新现象。技术发展从来都是"组合创新",从来都是靠组合各种已有元素来生成新技术的,所以跨界才是创新的常态。

（4）运用

技术的组合进化机制对我做产品的启发是：当新的技术元素出现的时候，我可以去思考，如何把这些新技术组合到我们现有的产品体系中，用新的组合可以解决什么用户需求，可以给原有的产品带来哪些新体验？重大的产品机会，就应该隐藏在这样的组合当中。

4. 回答开头提出的三个问题

还记得在 11.3 节我提出的三个问题吗？懂了书中的原理，这 3 个问题应该就迎刃而解了。需要说明的是，这些问题并不包含在原书范围内，属于对书中理论的综合运用。

✓ 问题一：为什么老虎没有进化出机关枪？

根据组合进化原理，机关枪这种东西的出现需要两个条件，一是需求，当然人类和老虎都想获得更高效的武器，而另一个条件是"组合"，要做出机关枪，先要有火药、子弹、枪管、弹簧等一系列基础元件，而支持这些元件的基础技术是冶金，也就是能从自然界的矿石中提炼出钢铁的技术，没有这些技术基础，机关枪是没法做出来的。而老虎的进化必须在原有基因基础上一点一滴地逐渐积累变异，而且每次的变异都要符合当时的自然条件才能流传下来，而我们知道，至少从自然界中提取钢铁这种事情，对任何非人类的生物体都是没意义的。假设某天一只老虎突变出冶金这项能力，也会因为它对其生存无意义，反而消耗了其额外的能量，很快就会被自然选择淘汰。

而技术进化则不一样，技术可以从过往人类所有的已知技术中汲取元素。马克沁 1883 年发明机关枪的时候，已有的技术基础是步枪，也就是说冶金术、子弹、枪管、弹簧等已具备。而马克沁在原先的工作中，先发明了自动灭火器，他把自动灭火器的原理应用到枪械领域，做了跨界创新，实现了连续发射，机关枪就诞生了。

由于技术的"组合进化"特质，人类所有的已有技术都可以用来组合，这才使得跨界创新成为可能。也正因为此，技术可能出现很多跳跃性的、革命性的发展，而生物进化却只能是渐变。这就是老虎永远进化不出机关枪的原因，这是由生物进化与技术进化二者本质的发展规律不同造成的。

✓ 问题二：为什么雕版印刷术要等到唐朝才出现？

还是从"组合进化"这个原理出发，我们推演一下印刷术的组成部分有哪些。首先是印版，这个前面说过，印章和石碑出现得非常早。其次是适合印刷的纸，我们知道造纸术到东汉已经正式发明出来，所以东汉之前肯定不可能发明印刷术，而印章和纸这两个技术基础具备之后，雕版印刷术在物理技术上就已经有可能出现了。到东汉后期，印刷术按说就有可能出现，但实际并没有，东汉到唐这段时间缺乏的要素是什么呢？

缺的是"大规模复制"这个概念。印章代表什么？代表着这个被盖上印章的东西是我本人写的或者认可的东西，表达的是信用，所以有"印信"这个词。古人用泥巴把一卷竹简封起来，在上面盖上自己的印章，这叫"封印"。印章和我们所讲的印刷的用法是完全不同的，没有丝毫的"大规模复制"的意思。

而拓印石碑通常是只拓一本，因为拓印其实非常费时费力，更重要的是石碑巨大，拓印下来要用很多纸，而纸当时并不便宜，而且字实在太大，看起来也很不方便，所以拓印从来没有大规模复制的情况出现。

那时候要复制一本书,抄一遍是最常见的方法。而且如果我要一本书,我去请人抄一本,这本书就是为我抄的,意义是很明确的。而印刷则不一样,印的时候,我不知道印出来是要给谁的,我是给匿名大众印的。在唐朝之前人们很难理解这种观念。

那么大规模复制这个观念是从哪里来的?

答案是佛教,我们去参观游览佛教寺庙,会看到不少很小的佛像,无论是画的还是泥塑、木雕的,都是数量众多,摆放得整整齐齐。印度人很早就开始用按压模具来复制佛像或宗教符号之类的东西,这种复制的模具就叫"佛印"。按压佛印来复制,这一动作叫作"捺印"。但请注意捺印和印刷有几点不同,首先印的主要不是文字,更不是大段的经文,而是佛像之类的形象;其次佛教徒印佛印,不是为了传播信息,而是为了积功德。最后,捺印也不一定是在纸上,而主要是在沙土、山石等之上。因为纸在当时很贵,印在纸上表示一种高规格高价值的供奉。历史记载的捺印最早传入我国,是玄奘取经归来的时候携带了几个"佛印"。

正是捺印概念的引入,给我国古代人建立了大规模复制这一概念,才凑齐了技术组合的最后一块拼图。所以雕版印刷的出现时点,只能是在晚唐。现存最早的雕版印刷品是佛经,也就顺理成章了。

✓ 问题三:为什么技术的发展是加速的?

技术的本质是被捕获的现象,而新的技术又可以用来捕获更新的现象,所以每当人们获得一项新技术时,人们捕获新现象的能力就会更强,开发下一项新技术的能力就会变得更强,也就是说,现有技术越强大,捕获新现象进而开发出新技术的可能性就越大,即技术的存量越多，增量也就越多，这是一种典型的会自我放大的正反馈循环，所以技术的发展就会越来越快。

从经济层面来讲，一项新技术，如果其能够带来机会利基，能够带来经济收益，那么就会吸引更多的投资，更多的人力、物力、资源，对这项技术进行开发，而这些资源的进入又会加速这项技术的发展，进而又会带来更多的经济收益。同时，一项技术成熟之后，又会为后续技术提供新的机会利基，这也是一种自我放大的正反馈循环。

所有的正反馈都会带来指数型增长，也就是我们说的"技术爆炸"，但是在宇宙中不存在永恒的指数型增长，因为指数函数的极限是无限大，所有的指数型增长有一天总会遇到天花板。要么是有限的资源被耗尽，要么是到达已知科学理论的极限。

这也就是人类总体的技术发展会分阶段的原因，目前总共发生了三次工业革命，第四次工业革命还在酝酿中。每次工业革命爆发时，会诞生一两项革命性的技术突破，以此为起点会迅速进入指数型增长，直到所有能够卷入的经济资源耗尽，或者触及本次工业革命所依托的科学理论的极限。蒸汽机时代无法做出实用化的汽车，就是因为实用化的汽车需要大功率、小体积的动力装置，而这个要求超过了蒸汽机理论的上限。同理，摩尔定律也迟早会遇到其极限，也就是量子力学的微观尺度限制。最终人类整体的技术增长曲线，应该类似一根分台阶的逻辑斯蒂曲线，每一次工业革命会走出一根新的逻辑斯蒂曲线，而下一次工业革命会在上一次曲线的顶端，再拉出一根新的逻辑斯蒂曲线（见图11-1）。

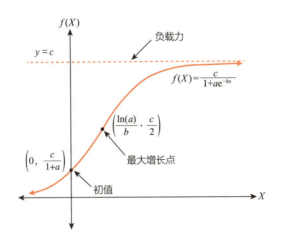

图 11-1 逻辑斯蒂曲线，有环境容量上限的指数型增长模型[一]

关于这一点，我们感受最深的可能就是互联网。互联网技术在刚出现时，最初的应用只是信息传递，但很快这项技术就开始和各种行业结合。现在，互联网技术已经与全社会几乎所有行业都有所结合，近期的发展重点已经转移到万物互联的工业互联网阶段。

11.5 小结

以上是我对《技术的本质》一书的阅读输出。这一部分引用原文的篇幅很少，在阐释部分，我使用的是自己的语言。联想部分则全部是原书之外的内容。在运用部分，核心是围绕我自己真实面对的情况来使用书中的原理。在做反刍内化和外化使用时，主要的精力应当放在联想和运用部分。

㊀ 图片来源：College Algebra 网站的免费共享图片。

参考文献

[1] 赵周. 这样读书就够了 [M]. 北京：中央广播电视大学出版社, 2012.
[2] 艾利克森, 普尔. 刻意练习：如何从新手到大师 [M]. 王正林, 译. 北京：机械工业出版社, 2016.
[3] 凯里. 如何学习 [M]. 王冰, 译. 杭州：浙江人民出版社, 2017.
[4] 奥克利. 学习之道 [M]. 教育无边界字幕组, 译. 北京：机械工业出版社, 2016.
[5] 迪昂. 脑的阅读：破解人类阅读之谜 [M]. 周加仙, 等译. 北京：中信出版社, 2011.
[6] 斯科特·杨. 如何高效学习 [M]. 程冕, 译. 北京：机械工业出版社, 2013.
[7] 施瓦茨, 杰西卡. 科学学习：斯坦福黄金学习法则 [M]. 郭曼文, 译. 北京：机械工业出版社, 2018.
[8] 布兰思福特. 人是如何学习的：大脑、心理、经验及学校 [M]. 程可拉, 等译. 上海：华东师范大学出版社, 2013.
[9] 加洛蒂. 认知心理学：认知科学与你的生活 [M]. 吴国宏, 译. 北京：机械工业出版社, 2016.
[10] 白学军, 闫国利, 等. 阅读心理学 [M]. 上海：华东师范大学出版社, 2017.
[11] 福斯特. 记忆：牛津通识读本 [M]. 刘嘉, 译. 南京：译林出版社, 2016.
[12] 洛尔, 施瓦茨. 精力管理 [M]. 高向文, 译. 北京：中国青年出版社, 2015.
[13] 安德森. 学习、教学和评估的分类学 [M]. 皮连生, 译. 上海：华东师范大学出版社, 2008.
[14] 布朗, 罗迪格三世, 麦克丹尼尔. 认知天性：让学习轻而易举的心理学规律 [M]. 邓峰, 译. 北京：中信出版社, 2018.
[15] 比尔. 如何阅读：一个已被证实的低投入高回报的学习方法 [M]. 刘白玉, 等译. 北京：中国青年出版社, 2017.
[16] 孔普. 如何高效阅读 [M]. 张中良, 等译. 北京：机械工业出版社, 2015.
[17] FRY. Teaching Faster Reading [M]. Cambridge：Cambridge University Press, 1963.
[18] 郝明义. 越读者 [M]. 北京：人民文学出版社, 2009.